FORÇA E LUZ:
ELETRICIDADE E MODERNIZAÇÃO NA REPÚBLICA VELHA

FUNDAÇÃO EDITORA DA UNESP

Presidente do Conselho Curador
Antonio Manoel dos Santos Silva

Diretor-Presidente
José Castilho Marques Neto

Assessor-Editorial
Jézio Hernani Bomfim Gutierre

Conselho Editorial Acadêmico
Antonio Celso Wagner Zanin
Antonio de Pádua Pithon Cyrino
Benedito Antunes
Carlos Erivany Fantinati
Isabel Maria F. R. Loureiro
Lígia M. Vettorato Trevisan
Maria Sueli Parreira de Arruda
Raul Borges Guimarães
Roberto Kraenkel
Rosa Maria Feiteiro Cavalari

Editora-Executiva
Christine Röhrig

Editora-Assistente
Maria Dolores Prades

FORÇA E LUZ:
ELETRICIDADE E MODERNIZAÇÃO NA REPÚBLICA VELHA

GILDO MAGALHÃES

Copyright © 2000 by Editora UNESP

Direitos de publicação reservados à:
Fundação Editora da UNESP (FEU)
Praça da Sé, 108
01001-900 – São Paulo – SP
Tel.: (0xx11) 232-7171
Fax: (0xx11) 232-7172
Home page: www.editora.unesp.br
E-mail: feu@editora.unesp.br

Dados Internacionais de Catalogação na Publicação (CIP)
(Câmara Brasileira do Livro, SP, Brasil)

Magalhães, Gildo
　　Força e luz: eletricidade e modernização na República Velha / Gildo Magalhães. – São Paulo: Editora UNESP: FAPESP, 2000. (Prismas)

　　Bibliografia.
　　ISBN 85-7139-283-8 (UNESP)

　　1. Brasil – História – República Velha, 1889-1930 2. Energia elétrica – Brasil – História 3. Inovações tecnológicas – Brasil – História I. Título II. Série.

00-0557   CDD-981.05

Índices para catálogo sistemático:
1. Energia elétrica e modernização: República Velha, 1889-1930:
　　Brasil: História   981.05
2. Modernização e energia elétrica: República Velha, 1889-1930:
　　Brasil: História   981.05

Editora afiliada:

Asociación de Editoriales Universitarias
de América Latina y el Caribe

Associação Brasileira de
Editoras Universitárias

SUMÁRIO

Agradecimentos 7

Prefácio 11

1 Introdução 15

2 Reflexões metodológicas: conceituação 19
de modernização

3 O contexto tecno-científico internacional e o Brasil 29

4 A sociedade brasileira e a industrialização 39

5 O papel da eletricidade na modernização brasileira 47

6 A eletricidade ao final da República Velha 65

Referências bibliográficas 73

Anexos 77

1 Artigos de revistas de engenharia 79

2 A tramitação de projetos de lei na esfera federal 85

3 Quadro relativo às Centrais de Força e Luz 94
do Estado de São Paulo (Dezembro de 1921)

Iconografia 99

AGRADECIMENTOS

A Luzia Monteiro Araújo Soares, pesquisadora do Departamento do Patrimônio Histórico da Eletropaulo (São Paulo) e ao Centro de Memória da Eletricidade da Eletrobrás (Rio de Janeiro), pela cortesia e pelas informações cedidas.

Às bibliotecas: Central, da Escola Politécnica; George Alexander, da Universidade Mackenzie; e do Instituto de Engenharia de São Paulo, pelo acesso franqueado às coleções de revistas.

Ao Centro Histórico Mackenzie, pelas reproduções fornecidas.

Aos colegas do Centro de História da Ciência da USP, pelas discussões e sugestões, e, em especial, ao seu Diretor, Prof. Dr. Shozo Motoyama.

À FAPESP, pelo apoio prestado para esta pesquisa, sem o qual ela dificilmente poderia ter sido realizada.

...uma espécie de floresta de teatro, com seus festões
de ramagens pendentes do teto, donde a luz
elétrica se despejava de focos profusos...

Hilário Tácito,
Madame Pommery (1920)

Nada de postiço, meloso, artificial, arrevesado,
precioso: queremos escrever com sangue – que é
humanidade; com eletricidade, que é movimento,
expressão dinâmica do século; violência –
que é energia bandeirante.

Menotti del Picchia,
Arte Moderna (1922)

O largo
O ribeirão
A matriz
E a poesia dos casarões quadrados
(A luz elétrica é forasteira)

Manuel Bandeira,
Cidade do Interior (1920)

PREFÁCIO

Este livro, do engenheiro Gildo Magalhães, que atualmente se dedica a aulas no Departamento de História da USP e a pesquisas no Centro Interdisciplinar de História da Ciência e Tecnologia, desenvolve um tema original, que até hoje não havia sido suficientemente abordado: o papel desempenhado pela eletricidade na modernização do Brasil.

É voz corrente que o nosso país conseguiu saltar, no seu desenvolvimento industrial, a etapa negra do carvão, a qual trouxe uma série de inconvenientes aos países que se industrializaram no século XIX. A industrialização e, com ela, a modernização deram-se com a eletricidade. Metaforicamente pode-se dizer que o Brasil não viu seu ambiente poluído pela fuligem do carvão, nem rostos e mãos manchados de negro, como marca de seus operários. A máquina a vapor não foi o agente de nossa industrialização, mas sim o gerador elétrico ou, como se dizia na época, a "hulha branca".

Daí a importância deste estudo, que nos faz ver o papel da energia elétrica na construção do Brasil moderno. É bem possível que a idéia de torná-lo um país moderno, isto é, semelhante à Europa, tenha tomado conta da mentalidade das nossas elites logo após a Guerra do Paraguai, a partir das idéias de abolição da escravatura e da adoção do regime republicano. Mas a História tem mostrado que toda transformação social exige um aumento de consumo de energia. Pois bem, esta pesquisa veio mostrar que, enquanto a energia elétrica (aliás, a única que se mostrou passível de aproveitamento em nosso país) não foi posta à disposição do consumo, nossa modernização não passou de um vago ideal.

É curioso notar que a primeira utilização nacional da energia elétrica foi feita em 1879 – no mesmo ano em que Edison demonstrou a possibilidade da iluminação por meio de lâmpadas elétricas –, com a iluminação da Estação Central do Brasil, no Rio de Janeiro, por meio de lâmpadas a arco. Note-se que, curiosamente, quem instigou tal idéia foi Pedro II, então considerado pelos republicanos um símbolo do que devia ser superado no Brasil.

O período de 1880 a 1920 foi o do desenvolvimento da utilização da energia elétrica no país; primeiro, pela iluminação pública nas principais cidades; depois, pela indústria que, paulatinamente, se desenvolvia no Rio e em São Paulo. É também o período da modernização do país, objetivada na erradicação das epidemias tropicais e na urbanização, realizada com notável sucesso no Rio e efetivada no projeto e construção de Belo Horizonte.

O autor chama a atenção sobre o fato de que os conceitos de moderno, modernidade e modernização só se transformam em "palavras de ordem" na década de 1920. De fato, é nessa época que surgem simultaneamente a Semana de 22, a organização de institutos de pesquisas científicas e tecnológicas e a crise de energia elétrica em São Paulo, em razão do aumento desmesurado do consumo de eletricidade pela indústria paulista, e das revoluções tenentistas contra o poder elitista e autoritário da República Velha.

Nessa linha, este livro inicia-se com adequadas e oportunas reflexões sobre o conceito de modernização, correlacionando-o com o de progresso. Depois de refletir sobre as semelhanças e desigualdades entre ciência e tecnologia, o autor pondera que o conhecimento científico tem como característica própria a idéia de um conhecimento em contínuo avanço. Portanto, tem uma nítida conotação com a idéia de progresso, correspondente ao fato de que a ciência é um conjunto de sistemas simbólicos, em discordâncias, contradições e conflitos que implicam um constante esforço para resolvê-los.

FORÇA E LUZ: ELETRICIDADE E MODERNIZAÇÃO NA REPÚBLICA VELHA   13

Como a tecnologia é utilização de princípios, teorias e métodos científicos na solução de problemas técnicos, mais ou menos relacionados com as necessidades sociais de um determinado meio, conclui-se que o fenômeno da modernização estará correlacionado com realizações tecnológicas. Daí a tese de Gildo Magalhães de que a modernização do Brasil tem como uma das suas fontes o aproveitamento da energia elétrica – a qual, dadas as características geológico-geográficas do nosso território, tem sido hidráulica – para suprir as necessidades de iluminação, transporte e desenvolvimento industrial.

A princípio foram construídas pequenas usinas, principalmente para a iluminação pública de nossas cidades menores, a partir de Campos (RJ), em 1883. A etapa seguinte foi não só para fins de iluminação e tração urbana, mas também para suprir a demanda de energia pela indústria. Com a Usina de Parnaíba sobre o rio Tietê, em 1901, e no Rio, com a grande hidroelétrica de Ribeirão das Lages, em 1913, essas necessidades foram satisfeitas. Estas foram em seguida complementadas, em 1914, pela Usina de Itaporanga, perto de Sorocaba (SP), com cinco grupos de turbinas geradoras de 10.000 kW cada. A energia elétrica para o Rio de Janeiro foi suplementada, em 1923, pela Usina de Ilha dos Pombos, sobre o rio Paraíba. Esta obra foi projetada e construída sob a orientação do engenheiro americano A. W. R. Billings (1875-1949), que desde então, e até sua morte, foi o mentor e realizador do grande desenvolvimento hidroelétrico promovido pelas "Lights" no Brasil. Com a crise de energia elétrica em São Paulo, provocada pelo crescimento da demanda de energia pela indústria, Billings projetou e construiu a Usina de Cubatão, desviando as águas de rios do planalto paulistano para o mar, numa queda de 700 metros, para gerar numa primeira etapa, em 1926, 60.000 kW.

As duas primeiras etapas da eletrificação que ocorreu no Brasil foram: a primeira, de 1880 até 1920, em correspondência com a modernização relacionada à abolição da escravatura, à proclamação da República e à preocupação com urbanismo e saneamento das cidades brasileiras; a segunda, com um certo *overlapping* sobre a primeira, ocorreu nos 10 e 20, com a eclosão da industrialização. Nesse período, fundam-se as Escolas de Eletrotécnica de

Itajubá e Porto Alegre e os cursos de Engenharia Elétrica das Politécnicas do Rio e de São Paulo. Note-se que essa segunda etapa coincide também com o início da pesquisa tecnológica no Brasil, com a criação do Laboratório de Ensaios de Materiais da Escola Politécnica de São Paulo e da Estação Experimental de Combustíveis e Minérios, no Rio de Janeiro. Portanto não é, de forma alguma, descabido perceber uma estreita relação entre a modernização do nosso país e o consumo de energia elétrica, na República Velha.

Esse período coincide com uma profunda transformação cultural do Brasil. Nas letras e nas artes a Semana de 22 proclama a necessidade do surgimento de uma literatura, música, pintura e escultura baseadas em temas e estilos nacionais. O que de fato se realizou com o "modernismo" nas letras e artes. Na política, as revoluções tenentistas, a partir da do Forte de Copacabana em 1922, a Coluna Prestes, em sua gloriosa caminhada pelo Brasil, o surgimento de partidos políticos de esquerda e de direita, engajados em ideais de renovação do país, indicam que o primeiro período republicano, com seu elitismo e autoritarismo, não mais satisfazia os anseios do povo brasileiro.

O estudo pormenorizado da correlação entre modernização político-social e energia elétrica, a partir de reflexões sobre o próprio conceito de modernização e da análise de como o contexto de ciência e tecnologia atuou sobre a sociedade brasileira e sua industrialização, foi brilhantemente relatado neste livro. Contudo, não há de se negar, como conclui Gildo Magalhães, que a modernização do Brasil na República Velha muito tem a ver com uma conjunção de poder oligárquico e elitista dos governos de então, com interesses estrangeiros representados pelas "Lights". Mas deve-se ponderar que disso resultou, dialeticamente, não só um progresso material, mas também cultural do país.

Milton Vargas
Professor Emérito da Universidade de São Paulo

I INTRODUÇÃO

A imensa maioria das pessoas julga que, em razão do atraso científico e tecnológico da sociedade brasileira, reconhecido e registrado no advento do período republicano, não deveríamos ter iniciativas dignas de interesse, no que tange a um esforço de modernização. Tanto isso é verdade que, um século depois, ainda padecemos de um descompasso notável com nações desenvolvidas e que dominam a ciência e a tecnologia. No entanto, esta pequena obra demonstra que esse é um quadro inexato, pois houve iniciativas muito interessantes, que não se concretizaram por motivos diversos, certamente em razão de mais um grande descaso para com esses assuntos por parte das elites, do que em virtude da inexistência de impulsos para a modernização.

Escolas onde se ensinavam os rudimentos do que hoje seria a engenharia existiram no Brasil pelo menos desde o início do século XIX. Respondendo ao ímpeto de maior integração da economia brasileira em âmbito mundial, decorrente do processo de acumulação de capital na segunda metade daquele século, surgiram estabelecimentos de estudo de engenharia propriamente dita. Dentre estes, destacamos a Escola Politécnica e a Escola de Engenharia Mackenzie, por se situarem em São Paulo, que muito rapidamente ia conquistando a posição de epicentro dinâmico da vida econômica brasileira. A Politécnica foi inaugurada em 1894 e o Mackenzie, dois anos após; em ambas as escolas, cursos de engenheiro mecânico-eletricista começaram a funcionar duas décadas depois, respectivamente em 1911 e 1917 (Telles, 1993, p.2-11).

Decidiu-se investigar um material pouco explorado, o das revistas acadêmicas dessas duas escolas de engenharia. Para além de meros veículos de notícias acadêmicas, percebe-se nelas uma função de formação e expressão de opinião. Há momentos em que certas diferenças de tratamento de tema podem ser atribuídas às origens distintas de ambas as escolas: a Politécnica, de cunho público, e o Mackenzie, instituição privada, embora as duas fossem freqüentadas em geral por membros das elites da época.

A pesquisa se orientou, a princípio, para a leitura das revistas publicadas pelos grêmios acadêmicos das escolas de engenharia paulistas existentes durante a Primeira República. Na Biblioteca George Alexander, da atual Universidade Mackenzie, foram pesquisados os exemplares publicados dentro do período da República Velha, isto é, os de número 1 (1915) a 54 (1930). Destes, foi possível selecionar oito artigos, listados na Tabela 1 do Anexo 1. Na Biblioteca Central da Escola Politécnica da USP, foram pesquisados os exemplares publicados dentro do mesmo período, que vão do número 1 (1904) ao 100 (1930). Destes, foram selecionados onze artigos, listados na Tabela 2 do mesmo Anexo.

As seleções escolhidas são aquelas relativas a aplicações diversas da eletricidade no Brasil, tendo sido excluídos, a princípio, artigos de mera divulgação técnica de aspectos da eletricidade, bem como os puramente didáticos (cursos e notas de aulas), a não ser que neles houvesse alguma evidência de se tratar de notícia sobre o desenvolvimento técnico realizado no Brasil com características inovadoras, a nosso ver.

Julgou-se também oportuno complementar o trabalho com uma pesquisa na biblioteca do Instituto de Engenharia de São Paulo, que edita regularmente um *Boletim* (hoje, *Revista de Engenharia*) desde outubro de 1917. Os artigos nele publicados são em geral de caráter mais estritamente técnico e corporativo do que as revistas acadêmicas, que, parece-nos, eram mais livres, sob a direção de estudantes, apesar de muitos destes mais tarde se tornarem membros do próprio Instituto de Engenharia. O corporativismo

FORÇA E LUZ: ELETRICIDADE E MODERNIZAÇÃO NA REPÚBLICA VELHA   17

talvez se explique pelo fato de a engenharia pertencer ao grupo fechado das profissões liberais dominantes, ao lado da medicina e da advocacia. Também deve ser levado em conta que os profissionais de engenharia se colocavam logo próximo ao poder, seja como empregados nas repartições e instituições governamentais seja numa carreira política paralela à engenharia, em razão da escassez de quadros administrativos.

Considerando essa problemática, a pesquisa dos números 1 (1917) a 56 (1930) da publicação do Instituto de Engenharia revelou-se frutífera, pois se pôde extrair dez matérias versando sobre aplicações da eletricidade, com um conteúdo por vezes mais amplo, tangenciando algumas questões de interesse social – elas se encontram relacionadas na Tabela 3 do Anexo 1.

O contraponto aos artigos da engenharia nacional surgiu quando nos deparamos com a intensa atividade legislativa referente ao aproveitamento e comercialização da eletricidade e seus equipamentos. Essas iniciativas de projetos de lei, de orçamentos e suas discussões foram registradas pelo Centro de Memória da Eletricidade, criado pela empresa Eletrobrás, no Rio de Janeiro. Utilizando-se esse material como fonte complementar, foi possível fazer algumas correlações interessantes sobre questões como modernização, progresso técnico e dependência tecnológica. Além disso, notou-se uma inter-relação direta entre alguns tópicos das revistas acadêmicas e de engenharia pesquisadas e determinados projetos de lei. Foram selecionadas para análise as proposituras legislativas no período de 1889 a 1930, que se encontram listadas no Anexo 2.

Essas fontes demonstraram ser de notável interesse para o historiador interessado em ciência e tecnologia. As revistas acadêmicas, em especial, contêm bastante informação sobre as diversas áreas que representavam campos de trabalho profissional da época, e há muito material inédito envolvendo mineração, metalurgia, engenharia civil, arquitetura, máquinas e outras aplicações tecnológicas, pelas quais se poderia traçar um panorama vívido da nossa história econômica, social e cultural, o que possibilitaria aprofundar o diálogo com outras áreas de pesquisa que vêm se debruçando sobre nossas origens e tendências, tais como a história das mentalidades, da vida privada e outras.

Para desenvolver nosso tema, escolhemos tecer primeiramente algumas considerações sobre um conceito que é objeto de muitas discussões acaloradas, ou seja, o que vem a ser modernização. A seguir, recapitulamos com a necessária brevidade a situação internacional do desenvolvimento da eletricidade na época que antecede a proclamação da República no Brasil e como o país se situava nesse contexto. O esforço de industrialização brasileiro durante o Império foi descontínuo, mas suficientemente importante para ser relembrado antes de passarmos para a história da introdução em nosso meio das conquistas da eletricidade. Desenvolvemos finalmente o panorama da "força e luz" no Brasil e, em particular, no Estado de São Paulo durante a Primeira República, baseando-nos primordialmente no material pesquisado.

2 REFLEXÕES METODOLÓGICAS: CONCEITUAÇÃO DE MODERNIZAÇÃO

Os conceitos de modernização e progresso costumam ser usados de forma ambígua, imprecisão que se estende mesmo para o uso acadêmico. Um exemplo disso pode ser encontrado na maioria das teorias do desenvolvimento econômico, eivadas de mal-entendidos, por uma falta de definição precisa de como associar tais conceitos a fatores não-eludíveis e quantificáveis do bem-estar integral da humanidade. Tal definição permitiria afastar-nos de um positivismo/pragmatismo tão comum na seara economicista, bem como trilhar uma senda aonde pudessem confluir aspectos humanísticos gerais, e assim pairar acima da dicotomia "ciência × não-ciência". Esta, por sua vez, é uma das pragas que devastam a inteligência dos tempos atuais, caracterizados pelas "duas culturas", como enfatizado por C. P. Snow em seu livro já clássico, *The Two Cultures*.

Parece-nos que a idéia que se faz atualmente de ciência e tecnologia como compartimentos muito diversos do conhecimento, estanques embora aparentados, pode ser vista como mais uma das conseqüências do positivismo comteano – corrente filosófica disseminada em todo o mundo, embora nem sempre de forma explícita e, em particular na República Velha, com seqüelas ainda hoje.

As raízes desse mal-entendido cultural são imanentes a uma visão da própria ciência, infortunadamente bastante difundida e

20   GILDO MAGALHÃES

que privilegia, filosoficamente falando, um antecessor do positivismo, o empiricismo. Isto pode ser evidenciado quando se focaliza aquele tipo de ensino e de trabalho científico que se rende ao dogma da "verdade dos fatos", mesmo quando há dificuldades intrínsecas para adequar teoria e "fatos".[1]

A tecnologia segue os mesmos passos da ciência, a esse respeito, embora não se paute diretamente tanto por critérios de "verdade" quanto pelos de "eficiência". Cabe naturalmente indagar se é possível igualar ambos, ou se há diferenças essenciais. A dificuldade é que as idéias de progresso, modernização, avanço científico e inovação tecnológica se entrelaçam no desenrolar da história, resultando num verdadeiro nó górdio a ser rompido.

Moderno, modernidade, modernismo e modernização transformam-se em palavras de ordem no começo do século XX. Como afirmam Herschmann & Pereira,

> No Brasil, este fato é facilmente verificável, especialmente ao longo dos anos 20-30, quando afirmar-se "moderno" por exemplo, é, antes de mais nada, tentar assumir um lugar prestigiado no debate científico e artístico ... Os "retratos do Brasil" que ainda hoje nos orientam se devem às questões e perspectivas privilegiadas pelo debate modernista. (1994, p.15 e 18)

Os autores levantam a hipótese de que os discursos daqueles por eles chamados de "cientistas"[2] harmonizaram-se rapidamente com os interesses da camada dominante. Era uma modernização que buscava estar em pé de igualdade com a Europa, levando as elites a buscar o prestígio dos "escritores da ciência ... naturalistas e filósofos modernos".[3]

---

1 Cf. as posições defendidas por Paul Feyerabend em *Contra o método*, e por Pierre Thuillier em *De Arquimedes a Einstein* (especialmente a Introdução).

2 Aqui há uma confusão, considerando a terminologia atual hoje corrente: na verdade, referem-se a médicos e engenheiros, profissionais de tecnologia e não daquilo que se costuma chamar propriamente ciência. Mesmo à época da República Velha, pode ser sintomático de uma ciência atrasada considerar essas profissões "científicas".

3 Cf. citação de Machado de Assis, comentando as tendências poéticas recentes, em que invectiva os "moços" a estudar Spencer e Darwin, em "A nova geração", 1971, v.III, p.836.

FORÇA E LUZ: ELETRICIDADE E MODERNIZAÇÃO NA REPÚBLICA VELHA   21

O positivismo foi a doutrina que permeou a "invenção" do Estado-nação republicano no Brasil. Vale a pena abordar uma questão freqüentemente mal compreendida: a da influência do positivismo na formação do pensamento da elite brasileira. Simone Kropf, a nosso ver acertadamente, discorda de autores como Fernando de Azevedo, João Camilo de Oliveira Torres e Antônio Paim, que minimizam a contribuição do positivismo para as ciências e a cultura brasileiras. A autora endossa a linha de João Cruz Costa e Luiz Washington Vita, que defendem ter o positivismo maior sentido do que as aparências levam a crer:

> a influência da doutrina comteana no campo científico brasileiro assumiu um significado fundamental que não se esgotaria com a crítica a algumas de suas proposições teóricas. (1994, p.207)

Há um novo equívoco, quando Herschmann & Pereira partem da pressuposição de que o mal do positivismo era a ênfase no Estado como administrador dos interesses públicos, aparentemente confirmando a tese de José Murilo de Carvalho (apud Herschmann & Pereira, 1994). O problema crucial do positivismo, tanto nas ciências naturais quanto na política, ontem e hoje, é a sua abstenção em face das questões de causa/origem e finalidade, pelo que busca se restringir aos fenômenos "em si". Isto, além de não ser possível, leva a um obscurecimento dos próprios fenômenos considerados, que deixa a história de lado e ignora aquelas questões fundamentais de causas e fins, relegadas por serem "metafísicas".

O esclarecimento desses equívocos em torno do positivismo permite aprofundar algumas questões políticas que se revestem de enunciados de naturezas diversas. É o caso, por exemplo, de um certo preconceito intelectual contra o tecnólogo e em favor do cientista, que tem levado alguns, como Mário Bunge (1980), a propor para os países em desenvolvimento que se limitem a fazer ciência e não tecnologia. Essa posição equivale a considerar que a pesquisa científica tem objetivos cognoscitivos, cuja consecução seria um bem em si mesmo (e aí reside o vinco positivista), ao contrário da pesquisa tecnológica, que resulta em tese feita sob medida para manter a distinção entre países desenvolvidos e subdesenvolvidos. Tudo isso nos leva a indagar se há mesmo uma distinção razoável entre ciência e tecnologia – o que não parece tão aceito entre vários autores.[4]

É possível conceituar as bases em que se afirma que a ciência progride, sem utilizar uma perspectiva positivista e, ainda assim, ir contra certas correntes que têm proposto uma visão não-construtivista da ciência. Igualmente, para negar as falácias do positivismo não é necessário adotar algum tipo de indeterminismo, que não esconde ser contra o racionalismo, que é uma característica fundamental da ciência.[5]

Esta é a chave para levar em conta um fato inegável e evidente, até mesmo aos olhos do público leigo: a ciência tem aspectos insofismáveis de um avanço que se pode denominar *progresso*, na medida em que encontra sempre tanto mais e melhores explicações quanto previsões. Potencialmente, ao menos, pode-se afirmar que essa qualidade decorre da atividade humana, por meio do trabalho socialmente desenvolvido para permitir a satisfação de necessidades e garantir a expansão da espécie, embora não seja condição suficiente para tal, pois, como é sabido, para haver essa garantia devem intervir outros fatores, tais como a conscientização e a autodeterminação política.

Antes de nos defrontarmos com a última componente da existência, a política, há que atentar para outra constatação a respeito da ciência: seu caráter cumulativo não evita o erro sistemático nem a superação de teorias antes tidas como perfeitas – nem mesmo o retorno de teorias outrora descartadas, sob novas roupagens. Quais são então os critérios para se entender o progresso da ciência, para além de mera e monótona interação por acertos e erros?

---

4 Ver, por exemplo, Price, em *A ciência desde a Babilônia*, que defende uma superposição de conceitos; e o ponto de vista antagônico de Vargas, exposto em *Metodologia da pesquisa tecnológica*, bem como uma análise de ambas as posições em Gama, *A tecnologia e o trabalho na história*.
5 Para esta discussão, remeto a obras como, por exemplo, Bondi, "O que é progresso em ciência?", em Harré, *Problemas da revolução científica*; Kneller, *A ciência como atividade humana*; Hübner, *Crítica da razão científica*; Granger, *A ciência e as ciências*. Vale a pena também consultar a posição bem equilibrada de Pierre Thuillier, em *De Arquimedes a Einsten*.

Neste trabalho, vamos nos concentrar numa possível resposta, limitando-nos a contextualizar o termo *progresso*. Para isso, comecemos aproveitando a interessante conceituação de Kurt Hübner, para quem:

> O desenvolvimento das ciências é essencialmente suscitado por discordâncias interiores aos conjuntos de sistemas, e que consiste numa mudança interna de tais sistemas ... Todo o conjunto de sistemas é em si discordante e instável e todos conjuntos de sistemas mudam como resultado da tentativa de eliminar semelhantes discordâncias. (1993, p.132 e 135)

Repare que se fala em *conjuntos* de sistemas, isto é, sistemas políticos, de direito, culturais, científicos etc., que se interpenetram e se inter-relacionam. Nessa análise, Hübner considera que tanto os fatos históricos quanto os científicos não são absolutos, mas devem ser interpretados num quadro conceitual ligado a um determinado período histórico. Para se evitar cair no relativismo e ceticismo, observe-se que as mudanças conceituais provêm da já citada discordância interna, de forma contingente ou não. Se a discordância é inevitável, cria-se uma instabilidade que irá provocar a tentativa de eliminar tal discordância. O progresso será decorrente se esta tentativa conseguir eliminar algumas contradições, produzindo um contexto mais abrangente, ou seja, uma harmonização do conjunto de sistemas. Como corolário, não existe mudança *total*, isto é, criação de algo completamente novo. Há sempre mistura de posições ou, nas palavras de Hübner,

> O progresso poderia, por conseguinte, incluir perfeitamente em si discordância, conflito, contradição, absurdidade, desafio. (ibidem, p.141)

Cremos ser possível demonstrar que essa teoria não se confunde com o falsificacionismo de Popper (que passa a ser algo fátuo) e outras teorias congêneres, mas isso ultrapassaria o escopo do presente trabalho. Concluímos, com base nas idéias de Hübner, que é possível pensar em um progresso contínuo e, mais ainda, que o processo incessante de conflitos seguidos por harmonizações (não-teleológicas nem escatológicas) é parte da natureza do conhecimento humano e, possivelmente, da própria Natureza, inteligível para o homem. Essa perspectiva permite pensar numa unificação do progresso, como categoria tanto das ciências naturais quanto das ciências ditas humanas.

A noção de que cada sistema traz em si os elementos que gerarão novos conflitos, em um processo dialético, traduz a essência da qualidade do que se convenciona chamar de *moderno*, e a superação incessante desta condição é o fenômeno da *modernização*.[6]

A questão intrincada da *verdade* científica está intimamente ligada à já discutida possibilidade epistemológica de progresso. De maneira geral, existem três tendências na historiografia da ciência que vêm tentando abordar o problema. Correndo o risco de um inevitável esquematismo conceitual, em razão do nosso propósito de aqui simplesmente rever as posições envolvidas, destacamos as seguintes linhas historiográficas da ciência:

- idealismo, que chega a prescindir dos fatos, como se isso fosse possível ou desejável;[7]
- o anarquismo, veículo usado por aqueles que, mesmo praticantes da ciência, pretendem negar o método científico e, *ultima Thule*, o próprio racionalismo;[8]

---

6 E se quiséssemos utilizar uma terminologia que acabou se desgastando ao longo deste século XX, diríamos que o progresso guarda as características do que Trotsky sugestivamente chamou de "revolução permanente", sem com isso querermos apoiar o corpo das doutrinas trotskistas, pois na verdade Trotsky reservou esta condição apenas para o estágio vivido pela então URSS. Após uma transição necessária para o verdadeiro socialismo, também para ele a revolução deixaria de ser "permanente".

7 É o que sucede, por vezes, mesmo em pensadores do porte de Koyré; ver, por exemplo, seu ensaio "Perspectivas da história da ciência, em *Estudos de história do pensamento científico*, em que ele se nega a investigar a contribuição das bases econômicas e sociais que, juntamente com as culturais, costumam ser decisivas para um melhor entendimento da questão do progresso científico e, em conseqüência, do avanço tecnológico de um país.

8 Por vezes é aí que resvala seu representante talvez de maior evidência, Paul Feyerabend, em *Contra o método*. Não é a sua tônica, pois faz bastante blague em torno do irracionalismo da ciência, mas a nosso ver pretende exatamente o oposto na maior parte de sua obra.

FORÇA E LUZ: ELETRICIDADE E MODERNIZAÇÃO NA REPÚBLICA VELHA   25

- finalmente, o sociologismo, que pressupostamente teria uma visão geral, mas que acaba reduzindo a história da ciência a relações de poder.[9]

Sem deixar de lado contribuições importantes e interessantes de cada uma dessas correntes, é preciso todavia superar as abordagens isoladas, que têm limitado mesmo as melhores das tentativas de se aproximar de todas as facetas da ciência, inclusive de seu lado integralmente humanista.[10]

Preferimos, portanto, abandonar a distinção que epistemólogos conhecidos, como Thomas Kuhn (1975), fazem, chamando de ciência "oficial" a ausência de mutações mais fortes, ao passo que sua presença configuraria a mudança de "paradigma", ou o que chama de "revolução científica" – dispensaremos assim também as diferenças equivalentes, como, por exemplo, aquilo que, com outra terminologia, Kurt Hübner (1993) denomina "progresso I" e "progresso II", respectivamente, e Gilles-Gaston Granger (1994), de "extensão" e "precisão".

Nossa visão, evidenciada mais atrás na discussão do que se pode chamar de progresso em geral, aproxima-se do enfoque adotado por outros autores, inclusive Koyré, que trabalharam para mostrar uma grande superposição do novo com o velho, de forma a tornar problemática e um tanto supérflua a distinção rígida entre momentos sucessivos das etapas históricas da ciência. Não desejamos negar as alterações substanciais que ocorrem ao longo da história, mas sim minimizar os cortes abruptos, que se tornaram tão comuns num amplo espectro da historiografia da ciência.

Voltando à questão da relação entre ciência e progresso, sem que se perca de vista um tratamento humanístico da mesma, cremos que se pode aprimorar quantitativamente uma sugestão de Lyndon LaRouche (1991). Baseada nesse pensador, a metodologia que apresentaremos a seguir, não deve se limitar a simples

---

9 Como exemplo dessa tendência, considere-se Ron Harré em *The philosophies of Science*.
10 Um exemplo particularmente infeliz dessa distorção é a recaída obscurantista de Hilton Japiassu em *As paixões da ciência*.

parâmetros econométricos, mas partir de uma compreensão da atividade científico-tecnológica como radical correspondente característico da espécie humana.

Por outro lado, a sugerir um novo rumo nessa linha de pesquisa (como já nos referimos anteriormente à conveniência de propor parâmetros na aludida possibilidade de quantificação do progresso da raça humana, guardadas as precauções do *"caveat"*) parece-nos que o ponto de partida mais promissor está na física e é dado pela hipótese de que o Universo não segue, nem localmente, a chamada lei da entropia, ou Segunda Lei da Termodinâmica, simplesmente porque não existem, a menos de aproximações simplificadoras, sistemas no Universo que sejam rigorosamente fechados e em que, por conseguinte, aumente necessariamente a entropia. Pelo contrário, a vida e mesmo aproximações protovitais no domínio inanimado, como os cristais e compostos orgânicos, exibem a propriedade contrária, que se pode chamar, por isso, de *neguentropia*.

Como ponto de partida de uma teoria do progresso humano em geral, deveríamos nos debruçar sobre o que resolvemos chamar de *conhecimento expandido*, em analogia com a teoria econômica da reprodução expandida, procurando identificar um crescimento intrínseco do domínio da natureza, ao lado de "mutações" mais ou menos radicais desse processo.

De uma maneira geral, esse não parece um bom começo, pois nos deparamos com outra questão controversa, a chamada "acumulação expandida". Ao contrário das aparências, porém, trata-se de terreno firme, se pudermos caracterizá-la como a reprodução expandida do capital no processo de acumulação, pode-se gerar uma verdadeira mudança de "fase", para usar uma imagem físico-química ou de teoria dos sistemas, e assim permitir que a economia cresça não apenas quantitativa mas também qualitativamente. Estas são as linhas gerais do que imaginamos como solução adequada e que, em ocasião apropriada, procuraremos aprofundar com mais rigor.

Se nos demoramos um pouco na questão da modernização, foi por estarmos convictos de que há analogias profundas entre o problema epistemológico e o do desenvolvimento socioeconômi-

FORÇA E LUZ: ELETRICIDADE E MODERNIZAÇÃO NA REPÚBLICA VELHA

co em geral. É ao longo desse eixo, que nos parece promissor, que intencionamos desenvolver a análise da "modernização" na República Velha – como, a partir de uma situação dada, se chega (ou não) a uma transformação bem-sucedida e qualitativamente distinta da anterior. Isto posto, perguntaremos: quais são os ingredientes e as condições necessários para esse salto?

3 O CONTEXTO TECNO-CIENTÍFICO INTERNACIONAL E O BRASIL

O rápido escorço anterior de premissas permite-nos agora focalizar uma aplicação prática, para entender um dos processos mais importantes que se desenrolaram com o advento da Primeira República Brasileira (a "Velha"): a incipiente industrialização do país. E, dentro desse processo, destacamos a relevância da chegada da eletricidade.

Entre meados e final do século XIX ocorreu o que se costuma chamar de Segunda Revolução Industrial, caracterizada pela aplicação da ciência a processos industriais (a junção do laboratório com a fábrica). São introduzidas novas fontes de energia – notadamente o petróleo e a eletricidade – e, em conseqüência, surgem novos ramos industriais, como a siderurgia, a química industrial (especialmente a química orgânica) e a eletrotécnica (Cabral et al., 1988, p.9-15). Dessas, certamente são a indústria química e a elétrica que darão a feição aos nossos "tempos modernos", prenunciados nos romances de Júlio Verne.

É nesse período que se intensifica o uso dos metais, como o aço, o cobre (especialmente como condutor elétrico), o chumbo, o zinco e o alumínio. Este último pôde ter sua produção expandida em escala comercial, justamente graças à crescente aplicação da eletricidade (processo eletrolítico de obtenção do alumínio). Na indústria química, obtém-se um volume maior de soda cáustica e de ácido sulfúrico, que levaram ao melhor aproveitamento do látex (inicialmente matéria-prima brasileira de grande peso na pauta de exportação) pela vulcanização da borracha – que aliás se revelou posteriormente importante material elétrico pelas suas qualidades de isolante.

Como conseqüência da chamada Segunda Revolução Industrial, houve a criação de grandes empresas e a concentração da população em vastos aglomerados urbanos, concomitantemente com a queda na taxa de mortalidade, graças aos progressos na higiene e na medicina, e com a transformação intensiva da área rural, pela introdução da mecanização na agricultura.

Com a finalidade de restringir ou suprimir a livre concorrência, apareceram as associações inter-empresariais, como cartéis, trustes, sindicatos e conglomerados. Para complementarmente, grande parte das empresas adotou a forma de sociedades anônimas de capital aberto (como o seria a Light no Brasil), mecanismo fundamental para a expansão capitalista. O capitalismo industrial começou a ser suplantado em importância pelo capitalismo financeiro e um dos ramos principais de investimento dessa nova forma de ação capitalista foi o dos serviços públicos, em que empresas estrangeiras se tornaram verdadeiras "máquinas" de acúmulo de capitais (Szmrecsányi, 1986, p.19).

Esse processo se agigantou em países como Estados Unidos, Alemanha e Japão e foi acompanhado de concentração da força política, chegando a confundir-se a atuação de parlamentares e governantes com os membros dos conselhos de administração dos grandes conglomerados. A partir da chamada Grande Depressão do século XIX (1870-1890), confirma-se a hegemonia dos EUA e da Alemanha. No plano internacional, os países líderes fizeram sua expansão externa dominando os demais, utilizando-se do colonialismo e de mecanismos do que se convencionou chamar de imperialismo.

A acelerada difusão dos usos da eletricidade, observada a partir do último quartel do século XIX, está intimamente associada a duas características intrínsecas que são notáveis: a transmissibilidade e a flexibilidade dessa forma de energia (Cabral et al., 1988, p.17). Transmissível porque transportável a grandes distâncias

FORÇA E LUZ: ELETRICIDADE E MODERNIZAÇÃO NA REPÚBLICA VELHA   31

com baixas perdas (especialmente após a invenção por Nicolau Tesla da corrente alternada) e flexível porque facilmente conversível em outras formas de energia, como calor e luz.

A essas comodidades da energia elétrica pode-se acrescentar outras vantagens, com relação às máquinas mecânicas: equipamentos mais limpos e silenciosos, bem como menor desgaste e a possibilidade de velocidades ajustáveis dos motores. Por tais motivos é que as principais indústrias nos EUA e na Europa (ferro e aço, papel, produtos químicos) foram rapidamente convertidas ao uso da energia elétrica (Gomes, 1986, p.2), entre 1910 e 1914 – no Brasil começou-se mais ou menos à mesma época, com a indústria localmente mais significativa: a têxtil.

A indústria norte-americana foi marcada pela rivalidade, a partir de 1880, entre suas três maiores empresas: Thomson-Houston (dos inventores Elihu Thomson e Edwin Houston), Edison (do inventor Thomas Edison) e Westinghouse (do engenheiro e inventor George Westinghouse). A Edison e a Thomson-Houston se fundiram em 1892, formando a General Electric (GE), com o suporte financeiro do poderoso capitalista J. P. Morgan. Em 1896, aquela empresa e a Westinghouse firmaram um acordo geral de reconhecimento de patentes, formando na prática um cartel, em que coube à GE uma parcela de 62,5% dos negócios e à Westinghouse, 37,5% (Cabral et al., 1988, p.20). A hegemonia dessas duas empresas pode ser explicada por três fatores: superioridade tecnológica (junção da técnica com a ciência), controle de patentes e poderio financeiro na sua retaguarda.

No restante das potências industriais, outras firmas celebraram acordos análogos às duas líderes americanas. O país europeu mais avançado, tanto em química como em eletricidade, era certamente a Alemanha. Lá, os capitães de indústria precursores foram os engenheiros Werner e Wilhelm Siemens, que criaram, em 1874, a Siemens und Halske, seguida pela Allgemeine Elektrizität Gesellschaft (AEG), fundada por Emil Rathenau, em 1883, e controlada pela GE americana. A difusão espacial do capitalismo oligopolista, por causa do imperialismo, se reforçou em razão da crescente subordinação do Estado, do ponto de vista da política e da administração pública. Consolida-se assim a substituição do capitalismo concorrencial e liberalista pelo intervencionista (Szmrecsányi, 1986, p.6-11).

Os levantamentos que efetuamos a respeito dos projetos parlamentares, decretos e leis no período em questão, envolvendo a introdução da eletricidade no Brasil sob forma de iluminação e força motriz (inclusive tração para transportes, bem como energia para fornos metalúrgicos), indicam um acúmulo de intenções de "modernizar" o país. Deparamo-nos, no entanto, com projetos tão díspares e contraditórios como, por exemplo, a subvenção a escolas particulares superiores voltadas para o ensino da eletrotécnica, ao mesmo tempo que se votam verbas para trazer ao país imigrantes que fossem práticos de eletricidade (de nível médio), unicamente para trabalhar em indústrias multinacionais no país.

Nessa pletora de anseios e equívocos transparece o descaso para com desenvolvimentos autóctones, que aparentemente existiam, em que pesem estarem relativamente ignorados na historiografia. Como se daria a "mudança de fase" num meio adverso, e em que os interesses da burguesia comercial se sobrepunham permanentemente aos demais?

Na forma citada, de "iluminação e força" (*light and power*), já lembramos que a eletrificação foi, na segunda metade do século XIX, a chave da nova "revolução industrial" dos países mais avançados. Voltar os olhos para a história da introdução no Brasil desse insumo das forças produtivas permite repensar algumas questões básicas, tais como:

- A eletrificação era uma utilidade oferecida apenas às classes mais abastadas, ou abrangia também a classe operária, e no que se beneficiaram diferenciadamente tais estamentos? Qual foi o comportamento das elites nacionais diante da chegada da eletricidade? Quais as expectativas das demais classes a respeito?
- Como o capital estrangeiro conseguiu atingir rapidamente a posição de praticamente monopolizar o setor, e, reciprocamente, houve algum interesse do capital nacional em participar de empreendimentos no setor elétrico?
- Colocou-se desde o início alguma polêmica envolvendo o papel do Estado e da iniciativa privada para a eletricidade, e com que finalidade?

FORÇA E LUZ: ELETRICIDADE E MODERNIZAÇÃO NA REPÚBLICA VELHA

• De um ponto de vista institucional, houve no Brasil ciência e tecnologia da eletricidade, e a partir de que conjuntura, dentro do período pesquisado?

Não pretendemos, naturalmente, esgotar o assunto e avaliamos que as fontes pesquisadas nos permitem, se não uma resposta cabal a todas as questões, pelo menos indicar o rumo geral desencadeado pela introdução da eletrificação no país. Julgamos, além disso, que a história das aplicações da eletricidade seja paradigmática do processo social, econômico e cultural não somente da Primeira República, mas de uma série de acontecimentos que o país tem vivenciado desde então.

As questões levantadas poderiam ser refeitas e transpostas para este final de século XX, pois, embora num contexto diferenciado, vive-se agora um momento em que a sociedade brasileira se desloca a reboque das forças internacionais do "mercado", em meio a uma ideologia de "abertura das fronteiras". Esses são, em grandes linhas, exatamente os contornos do modelo "liberal" que vigorou no Brasil e em outros países do início do século até a depressão desencadeada a partir da quebra da Bolsa de Valores de Nova Iorque, em 1929.

É inevitável a comparação dessa submissão aos interesses estrangeiros com as recentes políticas neoliberais de Collor e Fernando Henrique Cardoso – em especial o Plano Real de estabilização monetária, que se deu num contexto de privatização de empresas públicas. Sintomaticamente, nessa política ocupou lugar de destaque, por ter sido uma das primeiras estatais privatizadas e por ser do cobiçado setor elétrico, a venda da Rio Light. Esta havia sido nacionalizada durante o governo militar pós-64 e foi adquirida por grupos capitaneados pela empresa francesa de eletricidade, na verdade outra estatal (o que não deixa de ter sabor de ironia).

A eletrificação continua portanto sendo uma das balizas para orientar o processo de transformação das estruturas econômicas. Um dos ingredientes do processo comandado pelo governo FHC tem sido a atração de capitais estrangeiros, principalmente por meio de ações especulativas das bolsas de valores, cuja instabilidade em nível global deveria recomendar mais cautela do que o recomendado por alguns engenheiros da República Velha.

Toda essa movimentação não nos deve impedir de perceber que a desestatização que está ocorrendo ao lado da referida especulação financeira – que tem servido também para encobrir um imenso processo mundial de lavagem de dinheiro, especialmente o provindo dos narcodólares – é um processo de maior concentração de capital e de sua internacionalização avassaladora, aquilo que se denominava antigamente "imperialismo", sem receio de parecer anacrônico.

Em vez de uma aniquilação de fronteiras, a nova acumulação exibe claramente os nichos privilegiados de bem-estar, inclusive os ecológicos, ao mesmo tempo que exclui parcelas consideráveis dos benefícios da educação sólida, da saúde assegurada e de outros parâmetros reais de conforto, deixando à população a ilusão de participar da globalização de fachada, em que é dado destaque às redes informatizadas de comunicação e processamento – cujo conteúdo efetivo praticamente desaparece ao lado de montanhas de pseudo-informação – e aos brilhos dos produtos de consumo – estes sim verdadeiramente "mundializados", obedecendo à velha lógica do mercado.

A destruição do Estado nacional e das aquisições sociais duramente conquistadas, inclusive com revoluções e guerras mundiais, assim como a dos avanços tecnológicos, também arduamente realizados – como os da eletricidade – é justificada em nome de uma pretensa modernização, ainda mais arcáica do que a *belle époque*. Não é por acaso que a situação da velha república neoliberal parece-nos tão estranhamente familiar no Brasil neoliberal do final do século XX.

Tendemos portanto a ver, ainda que num processo incipiente e em geral não expresso diretamente, como o da difusão técnico-industrial que se inicia ao final do Império, a expressão de fortes contradições na sociedade brasileira, que permanecem após 1930. A problemática do papel do Estado e do liberalismo econômico já se coloca nos debates em torno da eletricidade, e a resposta das elites nos padrões "liberais" da República Velha parece sintomática em relação aos caminhos que seriam trilhados posteriormente. Com isso, retomamos a discussão de modernização como embrião

FORÇA E LUZ: ELETRICIDADE E MODERNIZAÇÃO NA REPÚBLICA VELHA 35

de contradições e reafirmamos a ausência de transformações mais "totais", conforme discutimos inicialmente.

Embora um tanto artificial, como aliás qualquer recorte com base nas chamadas "grandes datas", o estabelecimento do período desta pesquisa como o da Primeira República remete-nos a uma série bem conhecida de eventos ligados à institucionalização da ciência no país. Trata-se de uma época em que a tradição situa a "gênese e evolução da ciência brasileira", título do trabalho pioneiro sobre história da ciência no Brasil, de Nancy Stepan (1976) – e isso de *per se* já é problemático, pois há pesquisas que mostram, por exemplo, que o Jardim Botânico, em conjunto com a Sociedade Auxiliadora da Indústria Nacional do Rio de Janeiro, pode ter sido um centro de discussões técnicas e até de pesquisa tecnológica, especialmente durante o final do Império.[1]

Internacionalmente, não há dúvida que a situação do início da última década do século XIX marca a virada industrial que deflagra a era da eletricidade, com o estabelecimento inextricável de vínculos entre a indústria eletrotécnica e os bancos nos países mais avançados.[2]

A crescente industrialização brasileira que, principalmente em São Paulo, passa a requerer a satisfação de certas necessidades pelo lado da ciência e da tecnologia vai tornar essas atividades cada vez mais conspícuas. A construção civil, as ferrovias e a siderurgia foram incrementadas e, juntamente com a formação regular de engenharia no país, respondem por uma explicitação do papel social de atividades de cunho indubitavelmente tecnológico (Motoyama, 1994). No primeiro governo Vargas, o país começará a deixar para trás opções de energéticos como o carvão e o gás, para ir substituí-los gradualmente pela eletricidade (Magalhães, 1994). Consagra-se a inovação da eletricidade também graças à presença do grande indutor de sua popularização, o rádio, meio de divulgação que inaugura uma nova era cultural e social.

---

1 Cf. DOMINGUES, H., 1996. Sobre o Jardim Botânico, a informação procede de Geraldo Beauclair de Oliveira, em comunicação oral no 1º Seminário de História Social da Ciência e da Técnica (Niterói, UFF,1994).
2 MOTOYAMA, S. 1994, cf., especialmente, "Introdução geral".

No entanto, é difícil encontrar um registro adequado do que eram nessa época as idéias envolvendo a relação entre pesquisa científico-tecnológica e a modernização do país. A "certidão de nascimento" da própria pesquisa permanece nebulosa: a inexistência de normas técnicas brasileiras em geral (e da eletricidade, em particular) é um dos fatores que ilustram tal dificuldade, pois elas são indiretamente um indício de esforço técnico e, portanto, da existência de pesquisa e de produção nacionais.

Nícia Vilela Luz (1961), num trabalho clássico a respeito da industrialização do Brasil, trata das polêmicas políticas envolvendo o nacionalismo, proteção e tarifas, mas é marcante que não faça a menor menção ao assunto da eletricidade, apesar desta se configurar um fator básico da nossa industrialização tardia. O mesmo se pode dizer da coletânea organizada por Edgard Carone (1977), basicamente centralizada na indústria têxtil, com documentos de grupos como a Associação Industrial e o Centro Industrial do Brasil. Percebe-se neste trabalho como os assuntos relacionados a café, algodão, alimentos, calçados e outras indústrias (todas fora do setor de bens de produção) aparentemente eram a preocupação dominante. A eletricidade nesta obra não é diretamente mencionada como fator de industrialização.[3]

O assunto específico da eletricidade apresenta adicionalmente uma particularidade: a geração de energia hidroelétrica (opção que se revelou natural no contexto histórico-geográfico brasileiro) se faz conjugando conhecimentos de engenharia civil (a barragem) e de engenharia elétrica (geradores e linhas de transmissão). Este último campo é sabidamente um dos primeiros e mais fortes oligopólios mundiais, cuja principal base está fixada nos Estados Unidos e na Alemanha, restando portanto muito pouco a ser feito num país como o Brasil, no período em questão, para além da engenharia civil.

Saindo da geração e passando para o lado da transmissão e do consumo da energia elétrica – também o mais facilmente visível e conhecido pela opinião pública – é que se poderia investigar quais,

---

3 Com exceção do documento de 1928, do centro Industrial do Brasil, que contém uma reclamação contra o aumento das tarifas da Rio Light.

FORÇA E LUZ: ELETRICIDADE E MODERNIZAÇÃO NA REPÚBLICA VELHA   37

e se existiram, as perspectivas de uma indústria elétrica nacional. É também admissível que a presença de dois pesos-pesados multinacionais, a Light e a AMFORP, na transmissão e distribuição elétricas da região centro-sul – em processo mais rápido de industrialização – servisse de catalisador para discussões envolvendo a modernização do país. Seria imaginável que essas polêmicas abrangessem desde a expansão comercial e financeira das empresas elétricas, até algum questionamento do modelo econômico e social do país. Isso porque, por mera questão de finalidade dessas empresas elétricas, ao menos em princípio elas estariam naturalmente interessadas em ampliar o consumo de eletricidade. E, de fato, esses interesses transparecem no material pesquisado.

4 A SOCIEDADE BRASILEIRA E A INDUSTRIALIZAÇÃO

A industrialização, que no início da República poder-se-ia opor num plano ideológico ao puro agrarismo, favorecendo a ascensão de uma nova burguesia e ampliando as camadas médias, mostrou-se problemática a esse respeito. Na verdade, o incipiente processo de industrialização acabou por compatibilizar os dois setores burgueses, eventualmente antagônicos, pela vinculação da indústria com a agroexportação.

As reivindicações dos chamados "jacobinos", grupo que chegou a ser expressivo e que congregava militares e intelectuais dos primeiros tempos da República Velha, são exemplos dessa conciliação, pois refletem no fundo a sujeição ideológica das camadas médias urbanas à classe agrária. Conforme estudo de Suely Robles Queiroz, eram os jacobinos a favor da indústria, mas de uma forma aleatória:

> Quando muito, defendem a pluralidade das formas de produção, a coexistência da lavoura, comércio e indústria em bases equivalentes. Propõem vaga proteção alfandegária para alguns poucos produtos, a nacionalização de atividades como as dos seguros e da navegação de cabotagem. E insistem, naturalmente, em nacionalizar o comércio a retalho. (1986, p.268-73)

Esse jacobinismo nacional se reflete na visão típica do "radicalismo" de Policarpo Quaresma, do romance homônimo de Lima

40 GILDO MAGALHÃES

Barreto, emblemático dessas idéias de progresso difusas e sem objetividade. Como Quaresma, o jacobinismo desaparece sem conseguir impor seu ideário confuso.

Warren Dean, analisando as origens da indústria nesse período, não chega a colocar bem claramente as limitações desses anseios de desenvolvimento, expressos pela facção jacobina. A respeito de acontecimentos da mesma época, assim se expressa o historiador americano:

> Nenhuma das administrações subseqüentes se mostrou tão exuberantemente a favor do desenvolvimento quanto a Junta Revolucionária enquanto Rui Barbosa foi Ministro da Fazenda, mas a maioria se empenhou em planos de ação destinados a favorecer a indústria, incluindo crédito barato, empréstimos, isenções sobre a importação e legitimação das companhias. (1989, p.253)

A República, nesse plano, dá continuidade às políticas vacilantes e conciliatórias do Império.[1] Como é sabido, nos últimos anos do Império a economia brasileira continuava agroexportadora. Os excedentes gerados pelo setor cafeeiro foram então investidos parcialmente em atividades industriais, a partir dos anos 1880, facilitadas pela mão-de-obra abundante e barata (Cabral et al., 1988, p.27-8). Para fazer frente à maior proletarização decorrente do final da escravidão e da incipiente industrialização, uma das estratégias adotadas pelo Estado liberal foi a renovação do espaço urbano, no início do século XX, anseio endossado e elaborado pela elite nacional – e que foi acompanhada, entre outros efeitos, pela disseminação das aplicações da eletricidade.

Sobre questão das mais controversas na República Velha, a das tarifas e impostos dos produtos importados, Warren Dean sugere que sua motivação teria sido simplesmente a de garantir a receita governamental, sem injunções de proteção à indústria nacional, ao menos de forma direta:

> As altas tarifas sobre os bens manufaturados, pesadamente protecionistas, foram decididas principalmente pela necessidade que ti-

---

1 Para uma análise bem fundamentada da política industrial do Império, consultar CARRARA JÚNIOR, M., 1996, t.II (1884-1889), parte I.

FORÇA E LUZ: ELETRICIDADE E MODERNIZAÇÃO NA REPÚBLICA VELHA 41

nha o governo de pagar os seus empréstimos estrangeiros em ouro. (1989, p.254)

No entanto, alguns dos artigos por nós examinados nas revistas acadêmicas, sugerem um quadro algo diferente, em que havia inventores brasileiros com certo domínio de tecnologia elétrica avançada – mas seus inventos ou não tinham possibilidade de competir com os estrangeiros, ou eram por estes absorvidos e levados para suas matrizes. Esse domínio devia ser significativo, pois na década de 1920, a lista das manufaturas nacionais já incluía artigos elétricos: lâmpadas, baterias de automóveis, elevadores, motores.[2]

A gênese dos industriais brasileiros em geral esteve desvinculada da produção neste setor – para não dizer da origem completamente diversa dos industriais americanos e alemães da eletricidade que, como vimos, vinham da própria pesquisa tecnológica ou nela acreditavam, e que aqui permanecia sem tradição. Ainda de acordo com Dean,

> Quase todos os empresários industriais por volta de 1914 tinham iniciado as suas carreiras como fazendeiros ou importadores, ou ambos, e geralmente continuavam a administrar fazendas ou a importar mercadorias depois de haverem fundado fábricas ... o importador era sempre o primeiro a discernir as possibilidades cada vez maiores da substituição da importação ... Só ele tinha acesso ao crédito, através dos fornecedores ultramarinos, ou através dos bancos comerciais locais... (ibidem, p.268 e 270)

O problema certamente estava na fraca concepção das elites políticas quanto ao papel que poderia desempenhar uma indústria de bases nacionais para desenvolver o mercado interno – este seria um apanágio da subseqüente era Vargas, após o esgotamento político do pensamento liberal da República Velha com seus princípios de não-intervenção na economia e o puro manejo de políticas tarifárias. Ou, na visão de Warren Dean,

> Na realidade, os industriais contentavam-se com o papel de parceiros secundários dentro do Partido Republicano, preferindo apre-

---

2 Conforme reconhece o próprio Warren Dean (1989, p.264-5).

sentar individualmente as suas reivindicações como favores "cliente-lísticos" ... As fábricas eram mercados para produtos que não eram geralmente competitivos lá fora – algodão, açúcar, couros ... Os industriais davam pouca atenção à qualidade enquanto trabalhavam protegidos por imensas muralhas tarifárias e eram sempre obrigados a iniciar a produção na extremidade mais grosseira e menos acabada da linha do produto. (ibidem, p.275-6)

Isso explica porque a industrialização brasileira, que tinha um século de atraso, incorria em custos exorbitantes, em face dos produtos importados, o que era fonte permanente de animosidades com profundas conseqüências políticas (ibidem, p.283)· Por exemplo, em razão das altas tarifas, os importadores se colocaram contra os industriais nacionais e temporariamente ao lado da Aliança Liberal, de Vargas. Talvez resida nesses altos preços também a explicação de porque, após a Primeira Guerra Mundial, o setor industrial não teria aumentado o seu estoque de capital ou o seu uso de energia elétrica por trabalhador, nem a sua produtividade (ibidem, p.282).

Note-se porém que, ao contrário dos anos de 1890-1920, que pleiteavam a identificação com a Europa civilizada, nos anos 20 e 30 já se busca a "identidade nacional", a afirmação da "força nativa" (Herschmann & Pereira, 1994, p.29). Esta mudança ideológica se reflete claramente no movimento estético – e, antes mesmo do modernismo de 22, a música de concerto já prenuncia um novo paradigma: utilizando como recurso o folclore nacional, busca a expressão mais "genuína" das "fontes" do povo brasileiro, incontaminada por "estrangeirismos".

Paralelamente à arremetida estética, os técnicos procuram identificar as fontes energéticas tipicamente brasileiras. É notável o ensaio do engenheiro Pandiá Calógeras (1928), publicado na *Revista Politécnica*, em que assume a tarefa de delinear uma política energética nacional. Calógeras começa citando a futura energia da desintegração atômica, mostrando estar bem informado para a época, e prossegue analisando as possibilidades da energia eólica. Preocupado com critérios de eficiência de origem taylorista, condena o energético então mais usado, a lenha, e defende a pesquisa de nossos carvões como alternativa à dependência da importação do carvão estrangeiro (no caso, inglês ou americano). Propõe ainda a pesquisa do petróleo e do xisto betuminoso, além da utilização de sucedâneos como o gasogênio e o álcool de cana. A visão de Pandiá Calógeras sobre os recursos energéticos é essencialmente integrada, algo incomum em outras análises do assunto. Por exemplo, no caso da hidroeletricidade, aponta para a necessidade de construir barragens que possibilitem a irrigação do solo; igualmente, esta geração elétrica em abundância exigiria investimentos na siderurgia, para o país ter matéria-prima para confeccionar máquinas elétricas, bem como no cobre e suas ligas, para servirem de condutores elétricos. É também graças a essa visão mais ampla que Calógeras vai insistir na conveniência de se desenvolver o ensino prático e teórico da eletricidade.

A questão do ensino dos fundamentos e das técnicas da eletricidade seria mesmo deveras preocupante, quando se recorda que em 1908 houve projeto de despesa ministerial, de autoria do deputado José Bonifácio de Andrada e Silva, para contratar dez aprendizes de eletrotécnica na Europa e nos EUA.[3] O detalhe revelador das relações institucionais é que o governo brasileiro é que pagaria a cada um destes técnicos um salário mensal de cem mil réis e eles seriam recrutados nas próprias matrizes de empresas estrangeiras atuantes no Brasil para virem aqui trabalhar em suas subsidiárias!

Na mesma linha de preocupação com a formação de mão-de-obra está o projeto de lei para premiação e subvenção às três primeiras escolas técnicas de eletricidade (e mecânica) que "se fundarem pelos moldes norte-americanos" (1911). Cremos que se beneficiaram dessa iniciativa as Escolas Práticas de Eletrotécnica de Itajubá e de Porto Alegre, pois elas gozaram de incentivos governamentais durante toda a República Velha.

Uma outra proposta de Calógeras parece-nos original, dadas as nossas tradições mercantis portuguesas que se incorporavam às indústrias criadas e que visavam (ontem como hoje) a tirar o máximo lucro de poucas unidades, em vez de expandir o consumo. Vejamos como termina seu ensaio:

---

3 Emenda n.284 do Projeto de Despesas do Ministério da Viação e Obras Públicas (Cf. Anexo 2).

44 GILDO MAGALHÃES

Que precisamos para vencer?

Banir o erro de que podemos impor nossa vontade aos consumidores, principalmente nos mercados mundiais. Substituir a noção de lucro baseado nos altos preços unitários, adaptando o critério do barateamento do custo, da grande produção que assegura a baixa dos preços e alarga o consumo. (1928)

As atividades de ensino e pesquisa preconizadas por Pandiá Calógeras já vinham ocorrendo de forma incipiente. Vale lembrar que nas Escolas Politécnicas do Rio de Janeiro e de São Paulo, os cursos de engenheiro mecânico-eletricista datam de 1911 e a primeira escola superior do país inteiramente voltada às aplicações da eletricidade, a de Itajubá, foi fundada em 1913. Esses cursos foram precedidos de "gabinetes de eletrotécnica" na primeira década do século, criados nessas e em outras escolas, para fins didáticos. Surgiram mais ou menos nessa época também escolas técnicas destinadas ao nível médio (Telles, 1993, p.393-6).

Que nessas escolas se fazia alguma pesquisa e observação original pode ser atestado por alguns artigos nas revistas acadêmicas.[4] Em São Paulo, os primeiros passos no rumo para além das atividades de ensino, adentrando as pesquisas tecnológicas, foram dados pelo Gabinete de Eletrotécnica da Escola Politécnica (hoje, Instituto de Eletrotécnica e Energia), a partir de 1927 (Magalhães, 1994).

De 1889 a 1930, como ressaltamos antes, o Estado foi relativamente não-intervencionista no domínio da economia. No caso da eletricidade, o Decreto n.5407, de dezembro de 1904, estabeleceu regras para a concessão hidroelétrica, mas teve na prática um efeito neutralizado pelos próprios contratos celebrados entre o governo e as concessionárias, que não o seguiam (como, por exemplo, ocorreu com a Light). Um Código de Águas, disciplinando o direito de exploração de rios para finalidades econômicas, inclusive de geração de eletricidade, começa a ser discutido no

---

4 Ver, por exemplo, HOLLAND JUNIOR, W., 1920, sobre os ensaios com gerador de corrente contínua; e OLIVEIRA, E., 1929.

FORÇA E LUZ: ELETRICIDADE E MODERNIZAÇÃO NA REPÚBLICA VELHA

Congresso em 1907, sofrendo diversos percalços até uma última tentativa frustrada na República Velha em 1927.[5]

Se o Estado só entraria em cena para valer neste e em outros assuntos a partir do primeiro governo Vargas, entretanto mesmo antes persistem as marchas e contramarchas ideológicas do liberalismo, que sofre embates com outras proposições, como de um maior ou menor intervencionismo. Da mesma forma, o Brasil pós-1930 verá surtos de neoliberalismo em várias etapas do Estado Novo, na segunda gestão Vargas e mesmo durante os governos militares. Prevalece aquilo que expusemos anteriormente: a modernização se apresenta entre nós como um processo marcadamente de ininterruptas contradições e de progresso, nas ciências e na sociedade em geral.

---

5 Conforme se pode ver na tramitação legislativa descrita no Anexo 2, o Código de Águas foi finalmente publicado em 1934 e permanece em vigor até hoje.

5 O PAPEL DA ELETRICIDADE NA MODERNIZAÇÃO BRASILEIRA

Como já apontado por historiadores, a energia elétrica (juntamente com as estradas de ferro) foi fator primordial para a industrialização do Brasil meridional.[1] A introdução das aplicações da eletricidade se deu ainda durante o Império, e a primeira experiência de iluminação elétrica foi a da Estação Central no Rio, em 1879, coincidentemente o ano da primeira demonstração pública da lâmpada elétrica de Edison. Nessa ocasião, era diretor daquele estabelecimento o engenheiro Francisco Pereira Passos, futuro prefeito da capital federal e considerado o seu "modernizador". Essa iluminação era feita com seis lâmpadas de arco e energia gerada por dois dínamos a vapor. A partir de então, expandiu-se a quantidade de prédios públicos e cidades iluminados por luz elétrica, ao mesmo tempo que se difundiam as linhas telefônicas, outra aplicação ascendente da eletricidade.

É significativo que logo no início da República (1891 – ver Anexo 2) haja projeto de lei propondo que a iluminação pública da futura capital a ser construída no planalto central fosse preferencialmente elétrica. A iniciativa tem um certo sabor de futurismo, pois se sabe que apesar de inscrita na primeira constituição republicana, Brasília esperou setenta anos para ser construída,

---

1 Ver, por exemplo, DEAN, W., 1989, op. cit.

quando então encontrou alguma dificuldade para ser suprida de energia elétrica por causa da distância do centro de geração hidroelétrica.

Uma das primeiras iniciativas de iluminação elétrica em maior escala se nos apresenta com o projeto de Lei n.118 de 1905 destinado a fornecer tal serviço a diversos bairros do Rio de Janeiro. Era curiosamente uma decorrência dos tumultos resultantes da Revolta da Vacina em 1904, em que o descontentamento social de camadas populares no Rio de Janeiro, engrossado por setores da burguesia urbana (como os positivistas alijados do poder republicano), foi canalizado para a destruição da iluminação a gás anteriormente existente.

Quanto à utilização de energia hidroelétrica, a primeira experiência brasileira ocorreu em 1883, no Ribeirão do Inferno, um afluente do rio Jequitinhonha, em Diamantina (MG), onde foi instalada uma usina para movimentar duas bombas hidráulicas que revolviam o terreno para exploração diamantífera. A usina, acoplada a uma linha de transmissão de dois quilômetros, foi montada pelo engenheiro Armand de Fovt, um dos professores franceses contratados para fundar a Escola de Minas de Ouro Preto. Nesse ano, foi também inaugurada a primeira linha de bondes elétricos no país, em Niterói, e o primeiro serviço de iluminação pública na América do Sul, em Campos (RJ).

Pioneiramente, a usina hidroelétrica que se pode considerar de maior porte (250 kW) foi a de Marmelos-0 em Juiz de Fora (MG), no ano de 1889, idealizada pelo industrial Bernardo Mascarenhas para sua fábrica de tecidos. O projeto foi feito pela firma Max Nothman & Co. e os equipamentos eram importados da Westinghouse (Cabral et al., 1988, p.33). Bernardo Mascarenhas, industrial têxtil que se instalou em Juiz de Fora, parece ter sido dos primeiros brasileiros a associar eletricidade e modernização. Fundador da Companhia Mineira de Eletricidade, ainda na década de 1880, em cartas e artigos de jornais, ele procurou mostrar a perspectiva que essa forma de energia apresentava para o progresso humano (Gomes, 1986, p.5).

Uma série de artigos, daqueles por nós pesquisados nas revistas acadêmicas de engenharia, revela a percepção por parte das eli-

FORÇA E LUZ: ELETRICIDADE E MODERNIZAÇÃO NA REPÚBLICA VELHA 49

tes quanto à importância de se expandir o esforço pioneiro de Bernardo Mascarenhas. Por exemplo, em 1905, Francisco Ferreira Ramos escrevia que a eletricidade em São Paulo

> concorre, além do mais, para demonstrar de modo prático e evidente a influência benéfica e valiosa entre nós da energia elétrica no progresso industrial desta progressista [sic] parte do curioso e vasto território brasileiro. (Ramos, 1905)

Ao se referir ao aproveitamento das cachoeiras de Itapura e Urubupungá, Francisco Ramos calcula que forneceriam uma potência de pelo menos um milhão de cavalos-vapor, o quádruplo da energia consumida pelo Estado em seus estabelecimentos agrícolas e industriais, bem como em suas vias férreas e fluviais.

Inicialmente, esta atribuição é limitada a algumas poucas aplicações. Assim,

> Entre 1880 e 1900, o aparecimento de pequenas usinas geradoras deveu-se basicamente à necessidade de fornecimento de energia para serviços públicos de iluminação e para atividades econômicas como mineração, beneficiamento de produtos agrícolas, fábricas de tecido e serrarias. (Cabral, et al., 1988, p.33)

No entanto, a conferência do engenheiro Carlos Nunes Rabelo realizada no Grêmio Politécnico em 1906 preconiza precocemente um uso diverso e mais nobre para a eletricidade: a siderurgia. Interessante notar que, após ilustrar sua tese com diversos esquemas de eletrofornos europeus, o conferencista chamou a atenção para um forno inventado por Augusto Barbosa, professor da Escola de Minas de Ouro Preto, superior aos estrangeiros, por

> realizar, simultaneamente e no mesmo aparelho, a produção da fonte e sua transformação em ferro ou aço, por meio da refinação e purificação. (Rabelo, 1906)[2]

---

2 Cf. também breve menção de Saturnino de Brito à invenção de Augusto Barbosa, quase duas décadas depois, em "O carvão, a siderurgia, as quedas-d'água e o álcool", no qual observa que em Ouro Preto o forno Barbosa "tem fornecido à Estrada de Ferro Central do Brasil ferro e manganês para a preparação do aço Bessemer" (1922, p.47).

Essa invenção, cuja patente era de 1902, fora afinal implementada com pleno êxito apenas por industriais europeus, porque no Brasil não passara ao estágio industrial, em virtude da "falta de capitais", como afirma C. N. Rabelo. No entanto, o Congresso Nacional havia votado por três anos consecutivos uma verba de 60 contos para o "forno elétrico Barbosa", sem obter a correspondente sanção do Executivo.

Percebe-se, não obstante o flagrante descaso para com a incipiente tecnologia elétrica própria, uma certa movimentação para concretizar a eletrotermia na indústria nacional, por meio de diversos projetos de lei nesse sentido. É o caso por exemplo em 1919 do projeto do Ministério da Indústria e Comércio (ver Anexo 2), quando se vota a realização de estudos e obra preliminares para usina hidroelétrica em Angra dos Reis, destinada exclusivamente a fornecer energia para fornos siderúrgicos.

Uma efetivação dessas propostas surge no Estado de São Paulo, em Ribeirão Preto, por iniciativa de Flávio Uchoa e sua Companhia Eletro-Metalúrgica, bem descrita em reportagem de Assis Chateaubriand (1922). A energia naquela instalação era gerada pela usina Evangelina, sobre o rio Sapucaí, a um preço considerado por Chateaubriand "vil", isto é, barato (10 réis o kilowatt-hora), o que certamente foi decisivo para viabilizar economicamente sua produção de aços finos.

O menosprezo governamental e privado para com esforços de pesquisa tecnológica se evidencia mais ainda ao vermos um artigo que a *Revista Politécnica* traduz, em 1907, da revista francesa *L'Eléctricien,* sobre o bem-sucedido transformador eletrolítico inventado pelo brasileiro Oswaldo de Faria. O invento, oportunamente comprado pela empresa parisiense Ducretet, tem as propriedades de uma válvula retificadora, e sua principal aplicação era a carga das baterias de acumuladores. O artigo original menciona inclusive a vantagem para a viabilização de algo que seria pioneiro: automóveis elétricos (Montpellier, 1907).

Verificamos com espanto que um invento dessa importância, já comercializado pelos franceses e divulgado em São Paulo, só em dezembro de 1907 (cf. Anexo 2), merece uma tardia proposição de despesa do Senado, a partir da qual o governo federal concorda

FORÇA E LUZ: ELETRICIDADE E MODERNIZAÇÃO NA REPÚBLICA VELHA   51

em "examinar" o invento de Oswaldo de Faria – tendo ainda de, como condição para liberar a verba, ouvir o Clube de Engenharia do Rio de Janeiro. Desnecessário complementar que o projeto só foi aprovado após a exclusão da parte em que se diz "e auxiliando o seu autor se (o governo) julgar conveniente" (*Coleção das Leis de 1907*, v.I, p.227 apud Cachapuz & Dias, 1990, p.478).

Caso semelhante deve ter ocorrido com os inventos do engenheiro Mello Marques. Ficamos sabendo de suas vicissitudes por meio de transcrição feita pela *Revista Politécnica* de artigo publicado pelo jornal *Diário Popular*, em 1905.[3] Refere-se aí que Mello Marques era tenente da Marinha e que, depois de ter construído no Rio de Janeiro, em 1901, um modelo de submarino, dedicou-se a resolver o problema da redução de peso das baterias elétricas, importante fator no dimensionamento daquele tipo de embarcação. Mello Marques chegara a um peso bruto de 12 kg por cavalo-hora, bem menor do que seus equivalentes estrangeiros e procurava organizar uma "sociedade com o fundo necessário à instalação de uma fábrica para a construção desses aparelhos e conseqüente exploração industrial".[4]

Passemos agora das aplicações industriais a uma vista panorâmica da produção de energia elétrica. Inicialmente a energia era gerada termicamente, até a virada do século, quando a entrada de uma empresa multinacional reverteu a situação em favor da hidro-eletricidade. Tratava-se da São Paulo Railway, Light and Power (ou simplesmente "Light"), constituída em 1889 no Canadá com capitais anglo-americanos e cujo objetivo

> ia além da produção, da utilização e da venda de eletricidade, gerada por qualquer tipo de força (vapor, gás, pneumática, mecânica e hidráulica), abrangendo igualmente o estabelecimento de linhas férreas, telegráficas e telefônicas. (Cabral, et al., 1988, p.35)

A Light era parte integrante de um grande conglomerado financeiro, em plena sintonia com o desenvolvimento mundial de trustes e oligopólios da eletricidade e com investimentos que se es-

---

3 "O acumulador elétrico Mello Marques". *Revista Politécnica*, n.8, 1905.
4 Ibidem.

tendiam também ao México e a Cuba (ibidem, p.43). São Paulo foi o local escolhido pela Light em razão de seu já mencionado crescimento econômico, propiciado pela economia cafeeira. O grupo canadense, em seu processo de instalação, desalojou companhias nacionais que já produziam localmente serviços de energia elétrica e de transportes públicos com tração animal.

A primeira linha de bondes elétricos de São Paulo foi inaugurada pela Light em 1900, ligando a Barra Funda ao centro da cidade. Logo surgiu a necessidade de uma usina hidroelétrica maior, o local escolhido foi Cachoeira do Inferno, no Tietê (atual Edgard de Souza), inicialmente com 2.000 kW, e na época uma das maiores do mundo, construída com tecnologia das mais avançadas. A seguir, a Light implantou na capital paulistana, em 1907, a represa de Guarapiranga, como reservatório para regulação hídrica.

Confirmando o reconhecimento por parte da elite brasileira do excelente potencial da eletricidade para tração, cabe reconhecer o pioneirismo da concessão pedida, em 1901, pelo engenheiro civil Carlos César de Oliveira Sampaio (futuro prefeito e urbanizador do Rio de Janeiro, responsável pelo desmonte do Morro do Castelo) para construir um metrô subterrâneo eletrificado entre Niterói e Rio de Janeiro. Com prazo de três anos para iniciar a obra, esta não foi construída, nem mesmo posteriormente, apesar de ainda na década de 1980 fazer parte das expansões projetadas pela Companhia do Metrô do Rio de Janeiro, com todos os agravantes conhecidos em razão da falta desse transporte de massa e da precariedade das balsas utilizadas. Interessante notar que na concessão dada em 1901 já se previa o uso do túnel metroviário para fins de explorar telecomunicações, por meio de cabos.

Há uma longa série de projetos (cf. Anexo 2) que tramitarão no poder legislativo da República em torno de propostas de eletrificação de ferrovias que já funcionavam com tração a vapor: Central do Brasil, Vitória–Minas etc. Da mesma forma, são votados diversos projetos para construção de novas ferrovias a serem eletrificadas desde seu início e que em geral não saíram do papel, como aquela conectando Uberabinha (MG) e Pouso Alto (GO), ou aquela entre o Alto Paraguai e Guaporé, interligada à Estrada de Ferro Madeira–Mamoré.

FORÇA E LUZ: ELETRICIDADE E MODERNIZAÇÃO NA REPÚBLICA VELHA   53

Continuando com a descrição das empresas geradoras, observamos que a Rio Light foi constituída fundamentalmente pelo mesmo grupo anglo-americano-canadense e seguindo os moldes da congênere paulista, com o apoio do agora prefeito carioca Pereira Passos e do presidente Rodrigues Alves, com quem a empresa mantinha excelentes relações (Cabral et al., 1988, p.38). Ponto alto das obras de remodelação urbana da capital federal sob a gestão do engenheiro Pereira Passos foi a inauguração, em 1905, da avenida Central (hoje Rio Branco), com sua iluminação elétrica.

No Rio de Janeiro havia também um grupo estritamente nacional, o de Cândido Gaffré e Eduardo Guinle, que tentou opor resistência à Light. Entretanto, com a ajuda do Departamento de Estado dos EUA, do barão do Rio Branco e do ministro Lauro Müller, os empreendedores locais foram afastados (Cabral et al., 1988, p.41). Os desentendimentos entre ambos os grupos perduraram: em 1909, estes tentaram vender à cidade de São Paulo a energia excedente gerada pela sua Usina de Itatinga, construída em 1906 pela Companhia Docas de Santos, também de sua propriedade.[5] O prefeito paulistano Antônio Prado aparentemente deferiu o pedido de Gaffré e Guinle, mas a Câmara manteve o monopólio da Light.[6]

A *Revista Politécnica* apresenta um longo ensaio técnico de Carlos Américo Barbosa de Oliveira (1915) sobre a usina de Piagüí, para a Companhia Luz e Força de Guaratinguetá, de propriedade justamente do grupo Guinle. Nele aprendemos que a usina, destinada ao serviço de luz, força e tração, teve todo seu material elétrico e hidráulico importado dos EUA, e que isso representou quase um terço do custo total.

A terceira empresa da Light foi a São Paulo Electric Co., para aproveitar o salto de Itupararanga, no rio Sorocaba, em 1911. Em

---

5 Esta usina foi tecnicamente bem escrita no artigo de WEINSCHENK, G.,1909.

6 Na verdade, Antônio Prado, apesar de algumas vacilações, como representante da oligarquia cafeeira também teria favorecido a Light, cf. BEIGUELMAN, P. & FARIA, N., 1986.

artigo de 1916 na *Revista de Engenharia Mackenzie*, Norman Bernardes (1916a, b)[7] relata que essa usina foi projetada para aliviar a de Parnaíba, pois o "rápido progresso verificado nos últimos anos na nossa Capital acarretou consumos crescentes de energia elétrica". Aquela represa era então a maior da América do Sul e a barragem foi calculada de acordo com normas americanas – revelador da inexistência de normas nacionais. Os equipamentos utilizados eram, como na Usina de Piagüí, todos importados: turbinas verticais da Voith, geradores trifásicos da Westinghouse, reguladores de corrente da General Electric, pára-raios da Siemens.

Acompanhando o impulso industrial, o Estado de São Paulo apresentava desde a primeira década do século XX um bom número de pequenas empresas municipais de geração de energia elétrica. Dentre as maiores, uma série delas foi constituída no ano de 1912: a Companhia Paulista de Força e Luz (CPFL), dos engenheiros Manfredo Antônio da Costa e José Balbino de Siqueira (atendendo Botucatu, São Manoel, Agudos, Pederneiras e Bauru); o grupo de Ataliba Vale, Fonseca Rodrigues e Ramos de Azevedo (atendendo Araraquara, Ribeirão Bonito e Rincão); e o grupo de Armando de Salles Oliveira e seu sogro, Júlio de Mesquita (atendendo São José do Rio Preto, Jaboticabal, Bebedouro, São Simão, Cajuru e outros municípios menores). De 1913 é a Central Elétrica Rio Claro S.A., de Elói Chaves e da família Rodrigues Alves (prestando serviços em Rio Claro, Limeira, Araras e Cordeirópolis) (Cabral, et al., 1988, p.46-7). No Estado do Rio de Janeiro, havia a Companhia Brasileira de Energia Elétrica (CBEE), de 1909, de Gaffré, Guinle e Jorge Street (prestando serviços em várias cidades do território fluminense).

É bastante esclarecedor o quadro que o engenheiro Francisco Egmydio da Fonseca Telles preparou sobre as usinas elétricas do Estado de São Paulo, em funcionamento em dezembro de 1921 (Telles, 1992).[8] São ali apresentadas 26 concessionárias com trinta centrais, de potências variáveis, desde a menor em Bananal (25 HP) até as maiores, em Itatinga (15.000 kVA) e Parnaíba (16.000

---

7 Ver, também, BERNARDES, N., 1916b.
8 Este quadro se encontra reproduzido no Anexo 3.

FORÇA E LUZ: ELETRICIDADE E MODERNIZAÇÃO NA REPÚBLICA VELHA 55

kVA). Quanto à forma de geração, duas são térmicas e as demais hidráulicas. Na década de 1890, foram construídas duas centrais; na década de 1900, quinze; e na década de 1910, treze. São utilizadas as mais diversas tensões nas linhas de transmissão, de 3.000 V a 46.500 V (num comprimento total de quase 1500 km), e freqüências bastante despadronizadas, de 40 Hz, 50 Hz, 55 Hz e 60 Hz. As tarifas apresentam igualmente grandes variações, por vezes as residenciais são mais caras do que as industriais, outras vezes ocorre o inverso.

Levando em conta a entrada em operação dessas usinas elétricas, é instrutivo considerar a classificação adotada por Wilson Cano (1977, p.73-4) para os segmentos industriais de São Paulo registrados já no censo de 1907. Ela é interessante porque toma como base, para este início de século, além do uso de máquinas, o de energia elétrica, evidenciando assim a base energética da recente transformação econômica. São três as categorias propostas, com as respectivas indústrias:

i) simples (uso precário de máquinas e de energia elétrica): serrarias e pequenas oficinas, confecções de vestuário, produtos alimentícios, produtos químicos simples.

ii) intermediárias (pequena flexibilidade tecnológica e pequeno uso de energia elétrica): calçados, curtumes, cigarros, material de transporte, oficinas construtoras de bens de capital.

iii) complexas (maior mecanização e uso mais intenso de energia elétrica): fiação e tecelagem, papel, cimento, siderurgia, construção naval, moinhos de trigo, fósforos.

A partir do censo de 1920, pode-se ver a enorme expansão do sistema elétrico no Brasil e, especialmente, em São Paulo. O país contava então com 306 empresas elétricas (66 em São Paulo), 343 usinas elétricas (78 em São Paulo), quase 106.000 HP de origem térmica (aproximadamente 15.000 HP em São Paulo) e 370.000 HP de origem hidráulica (195.000 HP em São Paulo).

A Light realizou em 1925 um levantamento estatístico da demanda elétrica dos diferentes setores da indústria. Do consumo mensal de 7.730.000 kWh (excluindo-se a tração elétrica por ela fornecida para o trecho Jundiaí–Campinas, da Estrada de Ferro Paulista), 5 milhões eram para a indústria têxtil, 560 mil para a indústria metalúrgica e mecânica, 500 mil para moinhos de trigo e sal e o restante para diversas indústrias menores (Gomes, 1986, p.9).

Flávio Saes (1986, p.28), acompanhando a evolução da Light, que na República Velha já se tornara o mais importante conglomerado de energia elétrica no Brasil, mostra que sua receita proveniente da viação urbana (bondes elétricos) era de 3 a 5 vezes superior à da distribuição de eletricidade até a década de 1910. A partir de então, o que transforma esse quadro é justamente o crescente consumo *industrial* da eletricidade.

A esse propósito, J. Brant de Carvalho (1912) cita, na *Revista Politécnica*, o professor da Escola Naval, Mário de Andrade Ramos, para quem

> O desenvolvimento econômico e industrial de um país repousa primordialmente sobre a própria capacidade de produzir *energia*.

Nesse momento cremos que estava claro para os técnicos que a eletricidade seria a força motriz mais importante e que os carvões naturais brasileiros não poderiam suprir a demanda energética das usinas termoelétricas, sendo mais viável o aproveitamento hidroelétrico. A necessidade de industrializar o Brasil é tacitamente reconhecida por Brant de Carvalho, para quem a engenharia permitiria harmonizar o regime das águas fluviais de forma a conciliar os interesses da agricultura com os da indústria – uma negação, na prática, da tese de que a vocação brasileira era essencialmente agrária. Brant de Carvalho (ibidem) cita o ineditismo no uso da "hulha branca" nos rios do Estado de São Paulo, "cuja indústria se dissemina e progride continuamente". Para o conhecimento desse potencial contribuíra fortemente o levantamento efetuado em 1910 pela Comissão Geográfica e Geológica paulista.[9]

---

9 A maior usina em terras paulistas, segundo esse relatório é a de Marimbondo, no Rio Grande, com potencial de 700 mil cavalos. Cf. "O salto do Marimbondo e sua importância no futuro", 1913.

FORÇA E LUZ: ELETRICIDADE E MODERNIZAÇÃO NA REPÚBLICA VELHA   57

Este trabalho traz uma relação de setenta usinas elétricas paulistas, das quais a grande maioria havia sido empreendida pela filial brasileira da empresa alemã Bornberg, Hacker & Co., bem como uma estimativa da capacidade das principais quedas-d'água no Estado, localizadas na maior parte em terras devolutas.[10]

Prognósticos igualmente animadores eram feitos para o Estado do Paraná por M. Wendel, que após alguns cálculos considera que Sete Quedas (hoje integrando a barragem de Itaipu) seria a maior usina nacional e a segunda do mundo.[11] A barragem do rio Iguaçu, que despertaria alguns conflitos geopolíticos entre Brasil e Argentina principalmente nos anos 1980, já desponta como obra de grande interesse.

Alguns anos após, artigo do *Boletim do Instituto de Engenharia*, escrito por um engenheiro argentino, defende que a obra se justificaria para as *"cidades verdadeiramente grandes"* como Buenos Aires e Rio de Janeiro (São Paulo ainda não era incluída neste rol), desde que se vencesse o grande obstáculo técnico e econômico representado por uma linha de transmissão muito longa para os padrões da época (Musswitz, 1920). Para facilitar a tarefa de construção, o engenheiro recomenda que essa linha seguisse próximo aos rios navegáveis e estradas de ferro.

Desde o início da República se atentava para o aproveitamento de grandes desníveis no território nacional. É o caso da Cachoeira de Paulo Afonso, cujo primeiro projeto é de 1901 (cf. Anexo 2) e que provavelmente nem foi votado.[12] Sabe-se dos esforços que a essa época foram empreendidos ingloriamente por Delmiro Gouveia para construir aquela hidroelétrica e usar a energia para fins industriais (em 1917 ele foi misteriosamente assassi-

---

10 Esta poderia ter sido uma oportunidade histórica, não efetivada e nem cogitada na documentação por nós levantada, de conjugar a construção de usinas com projetos de irrigação e de distribuição de terras.

11 WENDEL, M., 1914, corrige, neste artigo, cálculos excessivamente otimistas do major D. Nascimento, que superestimara o potencial do rio Iguaçu.

12 Tratava-se de concessão pedida em nome dos engenheiros Paulo Ferreira Alves e Manoel Carneiro Souza Bandeira. Aliás, Brant de Carvalho (op. cit., 1912) considera o aproveitamento da cachoeira de Paulo Afonso, prestes a se concretizar, como obra da "iniciativa de engenheiros e industriais paulistas".

58 GILDO MAGALHÃES

nado e sua fábrica de linhas têxteis em Alagoas destruída por grupos estrangeiros).

Se a eletricidade se difundiu graças aos bondes elétricos e à iluminação pública, o já citado censo de 1920 mostra que quase metade da força motriz industrial brasileira provinha da energia elétrica, percentual *dez vezes superior* ao do censo de apenas treze anos antes. Continuavam a predominar no consumo elétrico as indústrias de bens de consumo não-duráveis, mas apareciam com maior peso no quadro nacional algumas indústrias básicas, como siderúrgicas e fábricas de cimento (Cabral et al., 1988, p.54-6).

Nesse panorama de aceleração do esforço de industrialização na década de 20, nota-se também, ao contrário da opinião de Warren Dean, exposta anteriormente, alguma preocupação com a defesa da empresa nacional. Como exemplo disso, tome-se o Relatório sobre o projeto de reforma das Tarifas Aduaneiras (1920 – cf. Anexo 2), de autoria do senador paulista Adolfo da Silva Gordo, que recomenda manter elevadas as tarifas da classe 35 (que incluía máquinas e aparelhos), mencionando a representação ao Senado da firma Cardoso Segura, de que as taxas constantes do projeto para transformadores elétricos *"protegerão consideravelmente a fabricação destes maquinismos em nosso país"*, e informando que a empresa de Cipriano Teixeira Mendes, dona de fábrica de materiais elétricos (incluindo transformadores) se sente ameaçada pelo projeto de revisão das tarifas.[13]

É verdade que o ímpeto protecionista pode disfarçar a defesa de interesses estrangeiros já instalados no país, como, por exemplo, no projeto de fixação de tarifas mais altas para importação de lâmpadas elétricas (1921 – cf. Anexo 2), em que o senador Irineu Machado justifica emenda nesse sentido para proteger a *"indústria nacional"*, referindo-se dessa forma porém aos investimentos aqui feitos pela General Electric. Talvez seja este também o caso de outra emenda semelhante a de 1922 (cf. Anexo 2), do senador Paulo

---

13 Em 1923, a mesma firma carioca Cardoso Segura, fundada em 1917, reclama da tarifa alfandegária de importação de motores elétricos, por ocasião de outro projeto de lei, desta vez porém rejeitado (Anais da Câmara dos Deputados, 1923, v.4, p.57-60. Cf. Cachapuz & Dias, 1990, p.432).

FORÇA E LUZ: ELETRICIDADE E MODERNIZAÇÃO NA REPÚBLICA VELHA   59

de Frontin, que visava proteger a indústria nacional de elevadores, representada por algumas fábricas existentes em São Paulo e no Rio de Janeiro. De qualquer modo, um elevador já constitui máquina relativamente complexa, e mesmo que se tratasse somente de montagem do conjunto final no Brasil, esta é uma evidência de maior capacidade da indústria nacional no campo da eletricidade.

A prática de tarifas protecionistas, às vezes para mais e noutras vezes para menos, é uma constante da República Velha como forma, certamente tosca, de se ter algum tipo de política industrial. Por outro lado, a imposição de um imposto de *consumo* sobre eletricidade atesta para seu peso crescente na arrecadação do Tesouro; como se depreende do levantamento do processo legislativo (Anexo 2), inicialmente o imposto incide só no consumo elétrico (Projeto de Lei de 1922), mas é logo ampliado para as lâmpadas (1923), pilhas e aparelhos elétricos (1927).

A siderurgia continuou sendo objeto de atenção de técnicos e políticos. Projeto de Lei de Despesa da República em 1922 conclamava as empresas siderúrgicas nacionais a aumentar sua produtividade e instituía um prêmio às três primeiras fábricas de aço dotadas de forno elétrico e laminador, capazes de produzir de 8 a 10 t de aço em 24 horas. Isso deu algum resultado, pois em 1925 fez jus ao prêmio a já referida Companhia Eletro-Metalúrgica Brasileira (cf. o citado artigo de Assis Chateaubriand, reproduzido no Boletim do Instituto de Engenharia), com sua siderúrgica de Ribeirão Preto. Na mesma tendência se alinha o projeto de 1923 (infrutífero) de "*três usinas siderúrgicas modernas*", para a produção de 50 mil toneladas anuais de aço cada, uma delas situada no vale do Rio Doce (numa antevisão da posterior usina de Tubarão, da Companhia Vale do Rio Doce) e empregando altos fornos elétricos.

Uma defesa radical da eletrossiderurgia é feita pelo engenheiro Antônio Dias, baseada em argumentação algo confusa.[14] Inicialmente, o autor questiona se a industrialização deve ser feita em grandes centros com participação estatal, ou em pequenos empreendimentos privados, concluindo pela última alternativa. Logo após, diz que

---

14 DIAS, A., 1925. O texto é o de uma conferência realizada no Clube de Engenharia do Rio de Janeiro.

"sentimos cada vez mais possante a concorrência estrangeira que nos procura manietar dentro do nosso mercado...", para contrapor em seguida a defesa de capital e mão-de-obra importados.

Do ponto de vista tecnológico, a opção de Dias era pela siderurgia do carvão de madeira, com o cuidado de se fazer reflorestamento. A resposta a essa opinião veio em artigo, também do Instituto de Engenharia, reproduzindo conferência feita em São Paulo por Ferdinando Labouriau, em 23 de julho de 1927.[15] Taxativamente, explica que os altos-fornos elétricos são de reduzida capacidade e, ademais, mesmo utilizando a eletricidade não suprimem a necessidade de combustível (coque ou carvão), embora em menor quantidade que nos altos-fornos comuns.

Com essas observações, fica claro que a arrancada desenvolvimentista no setor da siderurgia não poderia se dar somente com os eletrofornos e, como é notório, o Brasil ainda esperaria pelas negociações do governo Vargas durante a Segunda Guerra Mundial para ter uma grande siderúrgica, em Volta Redonda.

É esse um dos motivos porque a eletrificação ferroviária continuaria sendo o principal alvo para a aplicação dessa energia em esforços de modernização tecnológica, de que resultaram 35 projetos de lei para eletrificação de ferrovias desde o início do século até o final da República Velha. É verdade que a eletrificação da relativamente extensa malha ferroviária brasileira (e, paralelamente, a construção de linhas eletrificadas de transporte de massa) poderia ter sido o indutor de um grande desenvolvimento econômico, mas isso tampouco ocorreu. Mais restrita às ferrovias paulistas,[16] a eletrificação teve de esperar um tempo demasiadamente longo para se efetivar – e quando isso ocorreu, a política de transportes já começara a favorecer o modo rodoviário.

Além das mencionadas proposituras legislativas relativas à eletrificação ferroviária, registramos o alentado estudo técnico

---

15 LABOURIAU, F., 1927. O autor era catedrático de metalurgia na Escola Politécnica do Rio de Janeiro e secretário da Academia Brasileira de Ciências.

16 Cf. descrição dos primeiros estudos feitos em 1916-1917 para a Companhia Paulista de Estradas de Ferro pelos engenheiros Jaime Cintra e Francisco Paes Leme de Monlevade.

FORÇA E LUZ: ELETRICIDADE E MODERNIZAÇÃO NA REPÚBLICA VELHA   61

que Gaspar Ricardo Jr. publicou em 1928 na *Revista Politécnica*, visando eletrificar a Estrada de Ferro Sorocabana, com o propósito de aumentar sua capacidade de tráfego.[17] Artigo anônimo na *Revista de Engenharia Mackenzie* (1927) dessa época também defende a eletrificação das ferrovias brasileiras, argumentando que as estradas paulistas eletrificadas apresentavam lucros em seus balanços, ao passo que as ferrovias federais, não-eletrificadas, apresentavam prejuízos vultosos, atribuídos às despesas com importação de combustível.

Destoando um pouco dessa linha geral de defesa da eletrificação do transporte sobre trilhos, o trabalho de formatura do engenheiro Hilário Dertonio (1928), propondo a substituição dos bondes por trólebus ("elétrobus"), assinala um indício de que se iniciavam pressões que levariam o Brasil a optar pelo transporte sobre pneus – e não a um planejamento equilibrado que contemplasse para cada modo sua faixa de ação mais econômica.[18] O ensaio é interessante por sua justificativa pretensamente nacionalista para o trólebus:

> Em aditamento, por uma questão de patriotismo, também seria preferível a solução adotada, pois uma estrada de concreto para os elétrobus usaria cimento e outros materiais que são produzidos no país, ao passo que um leito de trilhos implicaria na importação do material necessário. (1928, p.70)

Ocorre que o autor não cogita a quem pertencem as fábricas de cimento nesse momento – e que são trustes estrangeiros. Descontando-se esse viés político, trata-se de trabalho que demonstra um bom domínio técnico do assunto da eletrificação dos ônibus. São propostos veículos de dois andares, do tipo dos ônibus londrinos, com tração em corrente contínua de 600 volts.

---

17 RICARDO JÚNIOR, G., 1928, cujo artigo havia sido originalmente relatório interno da Estrada de Ferro Sorocabana.
18 DERTONIO, H., 1928. Um ano após, esse autor publica o artigo "O campo dos elétrobus sobre na Viação Moderna", no qual seu tom é um pouco mais comedido, advogando, porém, sempre a substituição dos bondes (*tramways*) e trens pelo "elétrobus".

62 GILDO MAGALHÃES

Constitui um contraponto às pretensões de deixar de lado o modo ferroviário de transporte o alentado estudo de Raul Ribeiro da Silva, apresentado à Sociedade Brasileira Rural em São Paulo[19] em 1929. Seu ponto de partida é a constatação de que "a história do progresso da humanidade é a própria história da energia". Analisando os transportes entre nós, apresenta argumentos em favor da eletrificação ferroviária, como única forma de baixar a despesa da tração dos 30% do total para os 10% de países desenvolvidos, também argumentando com os altos custos de combustível. Desenvolve a seguir a concepção de outros modos de transporte como a navegação, as estradas de rodagem e a aviação como complementares da ferrovia, em vez de sua simples concorrência.

Tocando num ponto vital do processo de transformação agrário-industrial do Brasil, por sinal ainda hoje mal equacionado e longe de estar resolvido, afirma o engenheiro Ribeiro da Silva:

> Os povos que praticam a agricultura sem máquinas e sem ciência não podem aspirar a uma posição permanente no suprimento dos grandes mercados mundiais, porque a sua produção é cara, escassa e irregular. (ibidem, p.89)

O estudo prossegue, apresentando cifras sobre o emprego da eletricidade na indústria de transformação, recomendando que o Brasil invista onde se puder empregar a maior quantidade de energia por operário, considerando a escassez de mão-de-obra local e a abundância das matérias-primas e da força hidráulica. Desta perspectiva, para Ribeiro Silva caberia então envidar esforços notadamente em indústrias de siderurgia, moagem de cereais, papel, cimento, óleos vegetais, redução e refino de cobre, produtos químicos e laminação de ferro e aço. Alerta então contra os capitais estrangeiros, pois eles são muitas vezes "introduzidos com o fim de encaminhar as ambições imperialistas dos povos fortes contra os fracos". Sua posição nacionalista é claramente reforçada com a

---

19 SILVA, R. R., 1929. Raul Ribeiro da Silva (cf. Silva Telles, op. cit.) teria sido autor, juntamente com o engenheiro Medeiros e Albuquerque da invenção de um avião a jato, patenteada nos EUA, em 1918 (algo que julgamos pouco provável), e foi membro da Comissão Nacional de Siderurgia, criada em 1931.

FORÇA E LUZ: ELETRICIDADE E MODERNIZAÇÃO NA REPÚBLICA VELHA

recomendação que faz para evitar a simples entrega de matérias-primas aos países industrializados e assim conservar-lhes os monopólios; em outras palavras:

> Se o povo que deseja industrializar-se à custa do capital estrangeiro não o fizer com precauções e prudência, arrisca-se também à escravidão política. (ibidem, p.94)

Como exemplo do perigo da submissão aos capitais estrangeiros, aponta o caso do petróleo no México, ao mesmo tempo que exorta à promoção da indústria petrolífera no Brasil. Termina o ensaio pedindo que se crie um código florestal, não para impedir o corte das florestas, mas para promovê-lo dentro de regras e leis de reflorestamento e proteção contra enchentes.

6 A ELETRICIDADE AO FINAL DA REPÚBLICA VELHA

Com o crescimento dos investimentos em energia elétrica, consideramos ter sido a grande obra de toda engenharia no Brasil da década de 1920 a construção da usina de Cubatão (hoje Henry Borden) pela São Paulo Light. Planejada e supervisionada pelo engenheiro americano Asa Billings, ela foi inaugurada em 1926, e em 1928 gerava 76.000 kW de potência – só havia similar em porte nos Estados Unidos. Constituída a barragem por 15 reservatórios interligados, uma particularidade do projeto é que a energia utilizada para elevar a água num deles (o do rio Tietê) teve seu fornecimento oriundo da própria usina, após uma queda de 727 metros de altura.

Tamanha impressão causava então este empreendimento, algo comparável talvez ao que é Itaipu nos tempos atuais, que um autor anônimo da época assim o sintetiza na *Revista de Engenharia Mackenzie*:

> o projeto ... representa a altura da técnica moderna, tornando óbvio mais uma vez que, dentro do Ideal que é o conforto à humanidade, nada é impossível para a engenharia do homem. (1926)

Por essa profissão de fé no ideário da tecnologia, o mesmo autor prossegue fazendo a apologia do capital estrangeiro, cuja "benéfica influência" ao progresso de nossa terra era evidenciado pela usina de Cubatão. E conclui:

> país parcamente explorado, sem cultivo, politicamente heterogêneo, sem organizações definidas, devemos confessar, sem constrangimento, que somos um povo necessitado de todo apoio, experiência, habilidade e técnica do estrangeiro, estrangeiro amigo e valoroso, que descobrindo, em nós, fontes financeiras e econômicas, em nós desperta, e para nós, outros tantos idênticos interesses. (ibidem)

Talvez em razão de ser uma escola pública, e possivelmente mais identificada com posições nacionalistas, não se verifica essa atitude de defesa direta dos interesses estrangeiros nos artigos examinados da *Revista Politécnica* nesse período. Encontramo-la novamente em outro artigo da *Revista de Engenharia Mackenzie* a respeito do pedido da multinacional Light à Câmara Municipal de São Paulo para elevar as tarifas nos seus bondes (Valle, 1927). O autor do artigo, Celso Valle, analisa os investimentos da empresa canadense, tomando os próprios dados dela como justificativa dos custos apresentados. Com isso, consegue dar razão à pretensão da Light em aumentar a passagem principalmente na zona central (até 6 km do centro), onde estavam as linhas de maior movimento e lucratividade, inclusive a concorrida linha de Vila Mariana, com intervalo entre composições de 4 minutos.[1] O artigo conclui pela manutenção do privilégio de monopólio à Light, atacando os "ridículos auto-ônibus que pululam na nossa Capital".

Voltemos ao quadro de expansão das atividades de geração de energia elétrica nos anos 20. Para se ter uma idéia do complexo hidroelétrico em torno da cidade de São Paulo, apresentamos na Iconografia um mapa bastante elucidativo, por demonstrar como a Light já fechara um verdadeiro anel de geração e distribuição na capital.

---

1 Para se ter uma idéia da importância dessa linha, observamos a título de comparação que o intervalo entre trens na linha Paulista do metrô de São Paulo é atualmente de 3 minutos no horário de pico.

FORÇA E LUZ: ELETRICIDADE E MODERNIZAÇÃO NA REPÚBLICA VELHA   67

A Rio Light por sua vez foi responsável pela usina da ilha dos Pombos, em Carmo, no rio Paraíba do Sul, novamente concebida e executada sob a supervisão de Asa Billings, inaugurada em 1924 e capaz de fornecer 73.000 kW em 1929. Com isso, todo o importante vale do Paraíba, paulista e fluminense, estava então em mãos do grupo Light.

Em 1927, outro conglomerado multinacional, a American & Foreign Power Co. (Amforp) – vinculada à General Electric até o governo de Franklin D. Roosevelt –, chegou ao Brasil, pela subsidiária Companhia Auxiliar de Empresas Elétricas Brasileiras (CAEEB), para atuar no interior paulista e em várias capitais estaduais.

Ainda durante a República Velha, a Light incorporou o grupo Ataliba Vale – J. A. Fonseca Rodrigues – Ramos de Azevedo, e a Amforp absorveu a Companhia Paulista de Força e Luz, bem como os grupos de Armando de Salles Oliveira e da família Silva Prado (Cabral, et al., 1988, p.55-63). Dessa forma, ao final dos anos 1920, o processo de concentração das empresas concessionárias culminou com a quase completa desnacionalização do setor. Um parecer da Câmara de Deputados em 1927, sobre a produção mineral do país, denuncia a transferência das principais usinas hidroelétricas nacionais para o controle de empresas estrangeiras, *"de tal sorte que, dentro de pouco tempo, o capital nacional se verá substituído pelo estrangeiro"*.[2]

Em 1930, ao final do período analisado, o Brasil conta com 1.211 usinas (São Paulo com 166), gerando cerca de 149.000 kW de origem térmica (São Paulo com cerca de um décimo, 13.500 kW), e 630.000 kW de origem hidráulica (em que prepondera São Paulo, que apesar de relativamente poucas usinas responde por mais da metade do total, 318.000 kW). Um quadro da chegada da energia elétrica nas várias localidades brasileiras é mostrado logo a seguir.

---

2 Texto contido no Parecer n.741 sobre as emendas ao Projeto de Despesa do Ministério da Agricultura, Indústria e Comércio, cujo relator era o deputado Pedro Lago.

Primeiras localidades dotadas de energia elétrica

(Segundo Império e República Velha) – Fonte: Gomes, op. cit. p.4

CIDADE	INAUGURAÇÃO
Campos (RJ)	1883
Rio Claro (SP)	1884
Porto Alegre (RS)	1887
Juiz de Fora (MG)	1889
São Paulo (SP)	1889
Curitiba (PR)	1892
Maceió (AL)	1895
Belém (PA)	1896
Belo Horizonte (MG)	1897
Estância (SE)	1900
Cachoeiro do Itapemirim (ES)	1903
Cruzeiro do Sul (AC)	1904
Rio de Janeiro (RJ)	1904
Humaitá (AM)	1905
Salvador (BA)	1905
Blumenau e Joinville (SC)	1908
Natal (RN)	1910
João Pessoa (PB)	1910
Fortaleza (CE)	1912
Olinda (PE)	1912
Corumbá (MS)	1912
Teresina (PI)	1914
São Luís (MA)	1917
Porto Velho (RO)	1918
Goiás (GO)	1920

FORÇA E LUZ: ELETRICIDADE E MODERNIZAÇÃO NA REPÚBLICA VELHA 69

Havia ligações entre os importadores e as novas empresas industriais – por exemplo, para viabilizar a vinda de técnicos estrangeiros para montagem e assistência técnica, que aliás acabavam executando atividades mais complexas, como fabricações. A comercialização de material e equipamentos elétricos era feita por firmas importadoras – fato exemplificado pelos anúncios inseridos nas revistas por nós pesquisadas (ver Iconografia). A produção nacional ao final da República Velha permanece todavia pequena, a exceção da General Electric, que havia instalado uma fábrica de lâmpadas em 1921, montando aqui seus componentes (Cabral et al., 1988, p.70).

Uma análise arguta das causas da situação de baixo desenvolvimento tecnológico nacional é o artigo publicado na fase final da República Velha por Guilherme Witte (1928) na *Revista de Engenharia Mackenzie*. Aponta inicialmente o problema da formação de nível médio:

> A falta de instrução técnica em nosso país é uma das maiores barreiras a vencer, para implantar com brilho a civilização dos tempos modernos.

A preocupação de Witte era a falta de técnicos capazes de dar manutenção no interior do Brasil, pois que

> devido a isto, quando a máquina necessita de reparos, ela em vez de ser consertada, é ainda mais estragada pelos leigos pretensiosos. (ibidem)

Analisando as condições brasileiras, o autor conclui que a turbina hidráulica de potência média seria adequada para a maioria de nossas propriedades, de menor porte, pois a importação de máquinas não trazia vantagens econômicas. Seu alerta para a necessidade de a indústria nacional resolver problemas tipicamente brasileiros (como baixa velocidade de disparo e máximo rendimento com carga-d'água variável) ilustra pelo menos dois fatos: que havia uma indústria nacional e que a tendência era copiar projetos estrangeiros. Aliás, uma das razões apontadas para o insucesso das turbinas nacionais perante as estrangeiras era a falta de pesquisa local:

A peça mais importante da turbina hidráulica é sem dúvida o rotor. A incerteza, no entanto, quanto à sua capacidade, deu motivo natural para que a maior parte dos fabricantes nacionais construíssem turbinas de proporções maiores que as verdadeiramente necessárias. A fim de poder afrontar os preços da concorrência de turbinas construídas cientificamente no estrangeiro, tais turbinas de capacidade exagerada nunca podem ser feitas de material de primeira e ao seu acabamento sempre falta esmero. (ibidem)

Infelizmente, a análise acaba circularmente se voltando contra o que o autor provavelmente expôs de forma certeira. Referindo-se ao seu estágio na fábrica Herm Stolz, do Rio de Janeiro, Guilherme Witte diz que essa indústria resolveu tais obstáculos não por meio de pesquisa local, mas licenciando os equipamentos de uma grande empresa da Alemanha na época, a Amme-Luther Werke, que "cedeu as suas plantas e experiências, enriquecendo destarte a indústria nacional com mais um grande fator para o nosso progresso".

Mais ou menos à mesma época, a Sociedade Rural Brasileira pede a uma comissão do Instituto de Engenharia que faça um estudo sobre o aproveitamento da energia elétrica. Respondem pela incumbência dois diretores daquela instituição, Plínio de Queirós e Antônio Carlos Cardoso, além de Francisco Pais Leme de Monlevade. Seu relatório começa apontando muito firmemente a importância da eletricidade:

> Assim é que, nas indústrias fundamentais: agrícola, pastoril, extrativa e manufatureira, em todas as suas ramificações, a energia elétrica é a base da produção econômica e em grande escala das riquezas; na indústria dos transportes... faz circular essas riquezas...; na utilização dessas riquezas é sempre a energia elétrica que, transformando-se... em energia mecânica, térmica, química e luminosa, permite o funcionamento dos mais variados aparelhos inventados para o benefício coletivo e individual e, finalmente, é ainda a eletricidade que, nas suas aplicações por assim dizer sociais, desempenha o papel predominante na vida civilizada dos nossos dias ... contribuindo para diminuir o sofrimento humano. (Monlevade et al., 1929, p.63-4)

A seguir, os autores propõem que o governo federal, em conjunto com os governos estaduais, organizem "departamentos" pa-

FORÇA E LUZ: ELETRICIDADE E MODERNIZAÇÃO NA REPÚBLICA VELHA

ra elaborar um "plano geral de coordenação da utilização da energia". Este plano compreenderia o estudo detalhado das fontes energéticas naturais do país, a análise das condições econômicas da produção, o estudo da instalação de grandes usinas geradoras, sua interligação aos centros de consumo por linhas de transmissão e outros pontos relevantes. Assinalam que um embrião da organização proposta fora criada recentemente de maneira pioneira no Brasil pelo Estado de São Paulo, mas insistem na premência da legislação do sempre postergado Código de Águas.

Estribando-se nos exemplos dos EUA e França, os autores concluem aquele ensaio recomendando a intervenção estatal para a regulamentação do setor, entendida tanto como organização quanto como fiscalização. Com essa defesa do fim do liberalismo econômico característico da República Velha, avizinham-se as condições para a criação do aparelho estatal pela era Vargas, concretizado no caso da eletricidade em 1934 com o Conselho de Águas e Energia Elétrica.

Os mecanismos de poder da Primeira República, oligárquicos e excludentes da maioria do povo, foram de encontro aos interesses da principal força do setor elétrico, a Light. Pode-se indagar: companhias nacionais teriam tido o sucesso da Light no desenvolvimento urbano? Talvez houvesse empresas nacionais de grande porte, como as ferrovias Paulista e a Mogiana, mas o contexto de acordo com os setores estrangeiros, existente desde o "Funding Loan" (1899) de Campos Sales, assim como a crise cafeeira de preços que se resolve no Convênio de Taubaté, com empréstimos externos para a defesa do principal produto de exportação, favorecem a entrada de empresas estrangeiras e não a criação de empresas nacionais (Saes, 1986, p.30).

Encerra-se aqui essa rápida análise de idéias e fatos que estiveram ligados à modernização do Brasil num período crucial de sua história, nos anos que se seguiram à abolição da escravatura e proclamação da República. As fontes consultadas permitiram-nos visualizar nesse período o quadro de um país em que o "moderno" era almejado por parcelas de suas elites mais ilustradas. Fortes tinturas ideológicas, no entanto, obscureceram a decolagem rumo a uma industrialização mais consistente, bem como a criação duma infra-estrutura compatível. Dentre os empecilhos maiores, encontramos o que já foi suficientemente apontado como responsável pelo atraso: uma insistência na defesa do agrário como mola propulsora da nação, uma opção ou cooptação pelo liberalismo econômico que causava, entre outras conseqüências, a preferência pelo importado, em vez de desenvolver o nacional.

A introdução da eletricidade em nosso meio trouxe uma nova fonte energética, e de múltiplos destinos, para os quais nossos engenheiros estavam atentos, para além do uso mais corriqueiro da iluminação e motorização industrial. Não passou despercebido o enorme potencial da energia elétrica para emprego na siderurgia e metalurgia em geral, bem como nos transportes. Chegamos mesmo a projetar e construir algumas aplicações práticas com inovações dignas de destaque e de interesse no estrangeiro. No entanto, a eletricidade representou mais uma daquelas oportunidades desperdiçadas no Brasil de ampliar o mercado de consumo. Do material consultado, sente-se uma força exercida a fim de dominar a tecnologia elétrica, de criar escolas para disseminar os conhecimentos – e, ao mesmo tempo, uma frustração em constatar que esses esforços eram baldados, porque o país não aprendia a valorizar a pesquisa nacional.

Apesar de tais obstáculos, a eletricidade rapidamente se espalhou, especialmente no Sul da nação, com maior destaque para São Paulo, cujo movimento em direção à industrialização era potencializado pela expansão das fronteiras econômicas, graças à cafeicultura. A maior demanda pela eletricidade logo atraiu o capital internacional, que se instalou em condições vantajosas para explorar esse filão do mercado. As numerosas companhias de "*light and power*" ajudaram a criar uma preciosa infra-estrutura paulista, aproveitada pelo dinamismo de sua atividade econômica, e que se consolidou a ponto de ainda hoje fazer parte da espinha dorsal do seu sistema elétrico.

REFERÊNCIAS BIBLIOGRÁFICAS

Acumulador elétrico Mello Marques, O. *Revista Politécnica*, n.8, 1905.

BEIGUELMAN, P., FARIA, N. A empresa política. *História e Energia*, n.1, maio 1986.

BRITO, S. O carvão, a siderurgia, as quedas d'água e o álcool. *Boletim do Instituto de Engenharia*, v.IV, n.14, 1922.

BRODER, A. Os bancos e o desenvolvimento da indústria de energia elétrica européia. SEMINÁRIO NACIONAL DE HISTÓRIA E ENERGIA, 1, 1986, São Paulo. Anais... São Paulo: Eletropaulo, 1986. v.2.

BERNARDES, N. Instalações hidroelétricas de Sorocaba. *Revista de Engenharia Mackenzie*, n.6, 1916a.

_____. Projeto de novas instalações na Usina Hidroelétrica S. Martinho. *Revista de Engenharia Mackenzie*, v.7, 1916b.

BUNGE, M. *Ciência e desenvolvimento*. Belo Horizonte: Itatiaia, São Paulo: Edusp, 1980.

CABRAL, L. M. M., CACHAPUZ, P. B. de B., LAMARÃO, S. T. de N. *Panorama do setor de energia elétrica no Brasil*. Rio de Janeiro: Centro da Memória da Eletricidade no Brasil, 1988

CACHAPUZ, P. B. de B., DIAS, R. F. *O processo legislativo*. Rio de Janeiro: Centro da Memória da Eletricidade no Brasil, 1990.

CALÓGERAS, P. Fontes de energia. *Revista Politécnica*, n.85-86, 1928.

CANO, W. Alguns aspectos da concentração industrial. In: VERSIANI, F., BARROS, J. R. M. de (Org.) *Formação econômica do Brasil* (A experiência da industrialização). São Paulo: Saraiva, 1977.

CARONE, E. *O pensamento industrial no Brasil (1880-1945)*. Rio de Janeiro: Difel, 1977.

CARRARA JUNIOR, E., MEIRELLES, H. *A indústria química e o desenvolvimento do Brasil*. São Paulo: Metalivros, 1996.

CARVALHO, J. B. de. A hulha branca. *Revista Politécnica*, n.36, 1912.

CHATEAUBRIAND, A. A metalurgia do ferro no Brasil. *Boletim do Instituto de Engenharia*, v.IV, n.16, 1922.

DEAN, W. A industrialização durante a República Velha. In: FAUSTO, B. (Org.) *O Brasil republicano* (Estrutura de poder e economia, 1889-1930). 5.ed. Rio de Janeiro: Bertrand Brasil, 1989.

DERTONIO, H. Linhas de elétrobus sobre estrada de concreto. *Revista de Engenharia Mackenzie*, n.47, 1928.

_____. O campo dos elétricos na viação moderna. *Boletim do Instituto de Engenharia*, v.54, 1929.

DIAS, A. A eletro-siderurgia no Brasil. *Boletim do Instituto de Engenharia*, v.VI, n.28, 1925.

DOMINGUES, H. M. B. *A sociedade auxiliadora da indústria nacional e as ciências naturais no Brasil Império*. Rio de Janeiro: MAST, 1996. (Notas Técnico-Científicas, n.2/1996).

Estradas de ferro brasileiras, As. *Revista de Engenharia Mackenzie*, n.44, 1927.

FEYERABEND, P. *Contra o método*. 3.ed. Rio de Janeiro: Francisco Alves, 1989.

GAMA, R. *A tecnologia e o trabalho na história*. São Paulo: Nobel, Edusp, 1986.

GOMES, F. de A. M. A eletrificação no Brasil. *História & Energia* (São Paulo: Eletropaulo), n.2, 1986.

Grandes obras de engenharia – A usina hidroelétrica de Cubatão, As. *Revista de Engenharia*, n.40, 1926.

GRANGER, G.-G. *A ciência e as ciências*. São Paulo: Editora UNESP, 1994.

HARRÉ, R. *The Philosophies of Science*. 2.ed. Oxford: Oxford University Press, 1992.

HERSCHMANN, M. M., PEREIRA, C. A. M. O imaginário moderno no Brasil. In: _____. *A invenção do Brasil moderno*. Rio de Janeiro: Rocco, 1994.

HOLLAND JUNIOR, W. A experiência de Itapura. *Revista de Engenharia Mackenzie*, n.21, 1920.

HÜBNER, K. *Crítica da razão científica*. Lisboa: Edições 70, 1993.

JAPIASSU, H. *As paixões da ciência*. São Paulo: Letras & Letras, 1991.

FORÇA E LUZ: ELETRICIDADE E MODERNIZAÇÃO NA REPÚBLICA VELHA

KOYRÉ, A. *Estudos de história do pensamento científico*. Rio de Janeiro: Forense Universitária, 1991.

KROPF, S. P. O saber para prever, a fim de prover – A engenharia de um Brasil moderno. In: HERSCHMANN, M. M., PEREIRA, C. A. M. *A invenção do Brasil moderno*. Rio de Janeiro: Rocco, 1994.

KUHN, T. *A estrutura das revoluções científicas*. Trad. Beatriz V. Boeira, Nelson Boeira. São Paulo: Perspectiva, 1975.

LABOURIAU, F. O problema da siderurgia. *Boletim do Instituto de Engenharia*, v.VIII, n.34, 1927.

LaROUCHE, L. H. *The Science of Christian Economy*. Washington, DC: Schiller Institute, 1991.

LUZ, N. V. *A luta pela industrialização do Brasil* (1808 a 1930). São Paulo: Difel, 1961.

MACHADO DE ASSIS, J. M. *Obra completa*. Rio de Janeiro: Nova Aguilar, 1971. v.III.

MAGALHÃES, G. Energia. In: VARGAS, M. (Org.) *História da técnica e da tecnologia no Brasil*. São Paulo: Editora UNESP, 1994.

MANUEL BANDEIRA. *Poesia completa e prosa*. Rio de Janeiro: Nova Aguilar, 1986.

MONLEVADE, F. P. L. Eletrificação ferroviária. *Boletim do Instituto de Engenharia*, v.VII, n.33, 1927.

MONLEVADE, F. P. L., QUEIRÓS, P., CARDOSO, A. C. A organização e regulamentação da produção da energia elétrica no Brasil. *Boletim do Instituto de Engenharia*, v.XI, n.51, 1929.

MONTPELLIER, J. A. Transformador eletrolítico – Sistema Oswaldo de Faria. *Revista Politécnica*, n.15, 1907.

MOTOYAMA, S. (Org.) *Tecnologia e industrialização no Brasil*. São Paulo: Editora da UNESP, 1994.

MUSSWITZ, W. Anteprojeto de transporte de energia do Salto do Iguaçu até as cidades de Rosário e Buenos Aires. *Boletim do Instituto de Engenharia*, v.3, n.8, 1920.

OLIVEIRA, C. A. B. de. O aproveitamento da potência hidráulica do rio Piagüí e o custo da sua instalação hidroelétrica. *Revista Politécnica*, n.50-51, 1915.

OLIVEIRA, E. Como é medido o escorregamento dos motores no nosso Gabinete de Eletrotécnica. *Revista Politécnica*, n.29, 1929.

PANDIÁ, C. Fontes de energia. *Revista Politécnica*, n.85-6, 1928.

PRICE, D. de S. *A ciência desde a Babilônia*. Belo Horizonte: Itatiaia, São Paulo: Edusp, 1976.

QUEIROZ, S. R. R. de. *Os radicais da República* (Jacobinismo: ideologia e ação, 1893-1897). São Paulo: Brasiliense, 1986.

RABELO, C. A eletrometalurgia do ferro. *Revista Politécnica*, n.11, 1906.

RAMOS, F. F. A eletricidade e a hulha branca em S. Paulo. *Revista Politécnica*, n.9, 1905.

RICARDO JÚNIOR, G. Aumento da capacidade de tráfego e eletrificação da E. F. Sorocabana. *Revista Politécnica*, n.85-86, 1928.

SAES, F. Café, indústria e eletricidade em São Paulo. *História e Energia*, n.1, maio 1986.

Salto do Marimbondo e sua importância no futuro, O. *Revista Politécnica*, n.46, 1913.

SILVA, R. R. O problema da energia elétrica. *Boletim do Instituto de Engenharia*, v.XI, n.51, 1929.

SNOW, C. P. *The Two Cultures*. Cambridge: Canto, 1993. [1959].

STEPAN, N. *Gênese e evolução da Ciência Brasileira* (Oswaldo Cruz e a política de investigação científica e médica). Rio de janeiro: Artenova, 1976.

SZMRECSÁNYI, T. A era dos trustes e cartéis. *História e Energia*, n.1, maio 1986.

TÁCITO, H. (pseudônimo de José Maria de Toledo Malta). *Madame Pommery*. Campinas: Editora da Unicamp, Rio de Janeiro: Casa de Rui Barbosa, 1992. [1920].

TELLES, F. E. F. Quadro relativo às Centrais de Força e Luz do Estado de São Paulo. *Boletim do Instituto de Engenharia*, v.IV, n.19, 1922.

TELLES, P. C. da S. *História da Engenharia no Brasil (século XX)*. Rio de Janeiro: Clube de Engenharia, 1993.

THUILLIER, P. *De Arquimedes a Einstein*. A face oculta da invenção científica. Rio de Janeiro: Zahar, 1994.

VALLE, C. A questão dos transportes em São Paulo – O momentoso problema em face da proposta da Light and Power. *Revista de Engenharia Mackenzie*, n.45, 1927.

VARGAS, M. *Metodologia da pesquisa tecnológica*. Rio de Janeiro: Globo, 1985.

WENDEL, M. A hulha branca no Estado do Paraná. *Revista Politécnica*, n.48, 1914.

WEINSCHENK, G. Breve notícia sobre a instalação da hidroelétrica de Itatinga. *Revista Politécnica*, n.28, 1909.

WITTE, G. Turbinas hidráulicas e a indústria nacional. *Revista de Engenharia Mackenzie*, n.48, 1928.

ANEXOS

I ARTIGOS DE REVISTAS DE ENGENHARIA

Tabela I – *Revista de Engenharia Mackenzie* – Eletricidade (1915-1930)

(Preservou-se a ortografia original dos títulos)

Nº	Páginas	Ano	*Título* / Autor	Assunto
6	23-32	1916	*Installações hydro-electricas de Sorocaba* / Norman Bernardes	Descreve características da usina de Itupararanga e faz a defesa da geração hidráulica de eletricidade.
77	27-34	1916	*Projecto de novas installações na Usina hydro-electrica São Martinho* / Norman Bernardes	Descrição técnica das características de projeto.
21	22-3	1920	*A Experiência de Itapura* / Wayman A. Holland, Jr.	Descreve como se fazia teste de gerador em laboratório.
40	18-22	1926	*As grandes obras da engenharia – A usina hydro-electrica do Cubatão* / Anônimo	Descreve características da usina e seus equipamentos – defende o recurso da tecnologia e do capital estrangeiro.

GILDO MAGALHÃES

Continuação

Nº	Páginas	Ano	Título / Autor	Assunto
44	37-8	1927	*As estradas de ferro brasileiras* / Anônimo	Faz um resumo das ferrovias e sua situação financeira e defende sua eletrificação.
45	52-7	1927	*A questão dos transportes em S. Paulo – O momentoso problema em face da proposta da Light and Power* / Celso Valle	Analisa a composição dos custos de transporte por bonde da Light e defende o aumento por ela pretendido.
47	66-79	1928	*Linha de eléctrobus sobre estrada de concreto* / Hilário Dertonio	Tese de formatura, com estudo técnico em que defende a solução de trólebus em via segregada de concreto; contra a opção de transporte sobre trilhos, usando alguns argumentos nacionalistas.
48	51-5	1928	*Turbinas Hydraulicas e a Industria Nacional* / Guilherme Witte	Analisa problemas nacionais de fabricação, manutenção e instrução técnica.

Tabela 2 – *Revista Politécnica* – Eletricidade (1904-1930)

(Preservou-se a ortografia original dos títulos)

Nº	Páginas	Ano	Título / Autor	Assunto
8	80-3	1905	*O accumulador electrico "Mello Marques"* / Anônimo	Comenta a invenção de submarino por um engenheiro brasileiro, destacando outra invenção do mesmo, a de baterias elétricas compactas.
9	107-11	1905	*A Electricidade e a hulha branca em S. Paulo* / Francisco Ferreira Ramos	Defende a energia elétrica e cita locais potenciais para instalação de usinas hidráulicas.
11	249-69	1906	*A Electro-metallurgia do Ferro* / Carlos Nunes Rabello	Defende o uso da eletricidade para siderurgia nacional e descreve um forno elétrico inventado por engenheiro brasileiro.
15	130-9	1907	*Transformador Electrolytico – Systema Oswaldo de Faria* / J. A. Montpellier (tradução)	Artigo de revista francesa descrevendo transformador inventado por brasileiro e fabricado na França.
28	253-8	1909	*Breve noticia sobre a installação hydro-electrica do Itatinga* / Guilherme Weinschenk	Apresenta algumas características do projeto civil da usina da Cia. Docas de Santos.
36	299-319	1912	*A Hulha Branca* / J. Brant de Carvalho	Estudo preliminar do potencial hidroelétrico de bacias paulistas em áreas de terras devolutas.
46	226-31	1913	*O salto do Marimbondo e sua importancia no futuro* / Anônimo	Analisa a importância de se aproveitar este local para instalar usina hidroelétrica.

82

GILDO MAGALHÃES

Continuação

Nº	Páginas	Ano	Título / Autor	Assunto
47	371-4	1914	*A Hulha Branca no Estado do Paraná* / M. Wendel	Estudo do potencial hidroelétrico de bacias paranaenses.
50/51	101-27	1915	*O Aproveitamento da Potencia Hydraulica do Rio Piaguhy e o Custo da sua Installação Hydroelectrica* / Carlos Américo Barbosa de Oliveira	Analisa o custo total da usina, separando-o entre mão-de-obra e materiais nacionais e importados.
85/86	21-56	1928	*Augmento de Capacidade do Trafego e Electrificação da E. F. Sorocabana* / Gaspar Ricardo Jr.	Estudo tecno-econômico comparando a tração a vapor com a elétrica.
85/86	103-32	1928	*Fontes de Energia* / Pandiá Calógeras	Menciona a energia nuclear e outras formas energéticas; analisa a eficiência da eletricidade sob critério de taylorismo; estuda os combustíveis minerais brasileiros e defende soluções nacionais.
92	116-8	1929	*Como é medido o escorregamento de motores no nosso gabinete de Electrotechnica* / Eduardo Sabino de Oliveira	Deduz o método empregado pelo prof. Luiz Colangelo, que simplifica o tradicional usando um transformador de corrente na corrente do rotor.

FORÇA E LUZ: ELETRICIDADE E MODERNIZAÇÃO NA REPÚBLICA VELHA

Tabela 3 – *Boletim do Instituto de Engenharia* – Eletricidade (1917-1930)

(Preservou-se a ortografia original dos títulos)

N°	Páginas	Ano	Título / Autor	Assunto
8 v.III	56-75	1920	*Anteprojecto de Transporte de Energia do Salto de Iguassú até as Cidades de Rosário e Buenos Aires* / Walther Musswitz (tradução do autor)	Estudo argentino preliminar de viabilidade tecno-econômica de uma linha de transmissão bem maior do que as então existentes.
14 v.IV	43-8	1922	*O Carvão, a Siderurgia, as Quedas D'Água e o Álcool* / F. Saturnino Rodrigues de Brito (reproduzido do *Jornal do Comércio* de 7/8/1911)	Comentários genéricos sobre várias fontes energéticas.
16 v.IV	108-18	1922	*A Metalurgia do Ferro no Brasil* / Assis Chateaubriand (transcrição parcial do *Jornal do Comércio, s/d*)	Reportagem – as instalações da Cia. Metalúrgica de Ribeirão Preto e sua força eletromotriz.
19 v.IV	295	1923	*Quadro Relativo aos Centraes de Força e Luz do Estado de S. Paulo* / F. E. da Fonseca Telles	Sinopse abrangente de 26 usinas hidráulicas e térmicas, com dados tecno-econômicos.
28 v.VI	65-76	1925	*A Electro-siderurgia no Brasil* / Antônio Dias	Estudo defendendo a eletro-siderurgia à base de carvão vegetal.
33 v.VII	3-43	1927	*Electrificação Ferroviária* / Francisco Pais Leme de Monlevade	Memorial comparativo de diversas formas de tração, usinas elétricas e linhas aéreas para tração de trens.

84

GILDO MAGALHÃES

Continuação

Nº	Páginas	Ano	Título / Autor	Assunto
34 v.VIII	49-62	1927	*O Problema da Siderurgia* / F. Labouriau	Ensaio contra a eletro-siderurgia em larga escala.
51 v.XI	63-74	1929	*A Organisação e Regulamentação da Producção de Energia Electrica no Brasil* / F. P. L. de Monlevade, Plínio de Queiroz, Antônio Carlos Cardoso	Propõe plano energético geral para o país e comenta criação de órgão estadual congênere em São Paulo.
51 v.XI	78-104	1929	*O Problema da Energia Electrica* / Raul Ribeiro da Silva	Defende a eletrificação das ferrovias e a industrialização urbana e rural do país.
54 v.XI	386-92	1929	*O Campo dos Eléctrobus na Viação Moderna* / Hilario Dertonio	Propõe substituir transporte sobre trilhos por tróleibus.

2 A TRAMITAÇÃO DE PROJETOS DE LEI NA ESFERA FEDERAL

- 1891 – *Emenda ao Projeto n.71*
  Iluminação pública preferencialmente elétrica para a futura capital da República, prevista na nova Constituição, a ser construída no planalto central.

- 1891 – *Projeto n.205*
  Isenção de impostos de importação para iluminação elétrica de São Carlos do Pinhal (SP).

- 1892 – *Projeto n.53*
  Isenção de impostos de importação para iluminação elétrica de Piracicaba (SP) – rejeitado.

- 1897 – *Projeto de despesa do Ministério da Viação e Obras Públicas*
  Revê o contrato com a Sociedade Anônima do Gás do Rio de Janeiro (Rio Light) para melhorar a iluminação por meio da eletricidade ou outro processo.

- 1900 – *Emenda ao Projeto do Ministério da Justiça e Negócios Interiores*
  Substituição do material de iluminação elétrica da Biblioteca Nacional.

- 1900 – *Emenda n.13 ao projeto de despesa do Ministério da Fazenda*
  Isenção de imposto de importação para iluminação elétrica de Jaguarão (RS) – aprovado.

- *Emenda n.14*, idem
  Idem, Cachoeira (BA) e S. Félix do Paraguaçu (BA) – aprovado.

- *Emenda n.15*, idem
  Idem, Belo Horizonte (MG) – aprovado.

- 1901 – *Projeto n.22*
  Concessão ao engenheiro civil Carlos César de Oliveira Sampaio para construir metrô subterrâneo eletrificado entre Niterói e Rio de Janeiro.

- 1901 – *Projeto n.128*
  Aproveitamento da Cachoeira de Paulo Afonso para energia elétrica.

- 1901 – *Emendas ao projeto de despesa do Ministério da Justiça e Negócios Interiores*
  Substituição do material de iluminação elétrica da Brigada Policial e da Casa de Detenção do Rio de Janeiro.

- 1902 – *Projeto n.145*
  Isenção de imposto de importação para serviços de água, esgoto e iluminação elétrica para Porto Alegre (RS) e Friburgo (RJ) – vetado.

- 1902 – *Projeto n.248*
  Concessão ao engenheiro civil Eugênio de Andrade para construir ferrovia eletrificada entre Petrópolis e Rio de Janeiro.

- 1902 – *Emenda n.41 ao projeto de receita da República*
  Isenção aos governos estaduais e municipais para importar fios de iluminação elétrica – aprovado.

FORÇA E LUZ: ELETRICIDADE E MODERNIZAÇÃO NA REPÚBLICA VELHA   87

- 1903 – *Emenda n.14 ao projeto de despesa do Ministério da Viação e Obras Públicas*
Instalação de iluminação elétrica no edifício dos Correios.

- 1903 – *Emenda ao projeto de despesa do Ministério da Viação e Obras Públicas*
Autoriza o aproveitamento de força hidráulica em concessões para transformação em energia elétrica de uso geral. Transformada na Lei n.1145, de 1903, regulamentada pelo Decreto n.5407, de 1904.

- 1903 – *Emenda n.68 ao projeto de receita da República*
Isenção de imposto de importação para materiais de serviços de água, esgoto, iluminação elétrica e viação urbana de Florianópolis (SC) e Barbacena (MG) – aprovado.

- 1905 – *Projeto n.118*
Iluminação elétrica dos bairros da Saúde, Gamboa, morros adjacentes e ruas centrais, substituindo a iluminação a gás destruída na Revolta da Vacina, em 1904.

- 1906 – *Projeto n.296*
Aproveitamento para energia elétrica da Cachoeira de Marimbondo (entre os estados de SP e MG).

- 1906 – *Emenda n.16 ao projeto de despesa do Ministério da Viação e Obras Públicas*
Estudos para eletrificação da E. F. Central do Brasil, em substituição à tração por vapor.

- 1906 – *Emenda n.38 ao projeto de despesa do Ministério da Justiça e Negócios Interiores*
Verba para instalação de sala de eletrotécnica na Escola Politécnica do Rio de Janeiro.

- *Emenda n.42*, idem
Verba para instalação de gabinetes de eletrotécnica na Escola de Minas de Ouro Preto (MG).

- 1907 – *Projeto n.3*
  Contra favores às empresas de portos e estradas de ferro para fornecer energia elétrica urbana.

- 1907 – *Projeto s.n.*
  Código de Águas, abrangendo o aproveitamento das águas para geração de energia – vai tramitar sem sucesso até 1927.

- 1907- *Emenda ao projeto de receita da República*
  Isenção de imposto de importação para serviços de água, esgoto e iluminação elétrica de Vitória (ES) – aprovado.

- 1907 – *Emenda ao projeto de despesa do Ministério da Viação e Obras Públicas*
  Exame de transformador elétrico inventado por Oswaldo de Faria.

- 1908 – *Emenda n.265 ao projeto de despesa do Ministério da Viação e Obras Públicas*
  Iluminação elétrica do bairro do Realengo, pela usina da fábrica de cartuchos nesse subúrbio – rejeitado.

- *Emenda n.284*, idem
  Contratação de dez aprendizes de eletrotécnica na Europa e nos EUA para empresas estrangeiras que vinham atuando no Brasil, pagos pelo governo.

- 1909 – *Projeto n.94*
  Autoriza concorrência para eletrificação da E. F. Central do Brasil.

- 1909 – *Emenda n.72 ao projeto de despesa do Ministério da Viação e Obras Públicas*
  Verba para construção de linha de bonde elétrico ligando Lavras à estação da E. F. Oeste de Minas.

- 1910 – *Projeto n.233*
  Criação de curso de engenheiro eletricista na Escola Politécnica do Rio de Janeiro.

FORÇA E LUZ: ELETRICIDADE E MODERNIZAÇÃO NA REPÚBLICA VELHA 89

- 1911 – *Emenda n.90 ao projeto de receita da República*
  Redução de direitos aduaneiros para máquinas, *fornos elétricos* e materiais para fábricas de carbureto de cálcio.

- 1911 – *Emenda n.137*, idem
  Devolução do imposto de importação à firma Mello & Davis de material para usina hidroelétrica de Passos (MG).

- 1911 – *Emenda n.79 ao projeto de despesa do Ministério da Agricultura, Indústria e Comércio*
  Prêmio e subvenções às três primeiras escolas técnicas de eletricidade e mecânica que seguirem os moldes norte-americanos.

- 1912 – *Emenda n.50 ao projeto de despesa do Ministério da Viação e Obras Públicas*
  Melhorias técnicas e eletrificação da E. F. Vitória–Minas.

- *Emenda n.100*, idem
  Concessão a Carneiro & Irmãos para construir ferrovia eletrificada entre Uberabinha (MG) e Pouso Alto (GO).

- 1913 – *Emenda n.59 ao projeto de receita da República*
  Favorece transporte ferroviário de material para redes de água, esgoto e iluminação elétrica pela tarifa mais baixa.

- 1917 – *Projeto n.317*
  Restituição do imposto de importação pago pela Rio Light.

- 1917 – *Emenda n.23 ao projeto de receita e despesa da República*
  Construção de ferrovia eletrificada entre o Alto Paraguai e Guaporé, interligada à E. F. Madeira–Mamoré.

- *Emenda n.44*, idem
  Construção de linha de bonde ou ferrovia eletrificada entre Muzambinho e Cabo Verde (MG).

- 1918 – *Projeto n.267*
  Aproveitamento da força hidráulica para fins industriais em águas de domínio particular.

- 1918 – *Emenda n.65 à proposta de despesa do Ministério da Viação e Obras Públicas*
  Eletrificação da E. F. Central do Brasil entre Rio de Janeiro e Barra do Piraí.

- 1919 – *Emenda n.10 ao projeto de receita da República*
  Restituição do imposto de material para iluminação elétrica de S. João do Muqui (ES), importado da General Electric.

- *Emenda n.16*, idem
  Restituição do imposto de importação sobre material para água, esgoto, iluminação a gás e elétrica de Porto Alegre (RS).

- 1919 – *Projeto de despesa do Ministério da Agricultura, Indústria e Comércio*
  Verba para estudos, desapropriações e início de obras para usina hidroelétrica em Angra dos Reis, para alimentar fornos siderúrgicos.

- 1920 – *Emenda n.35/IV ao projeto de receita da República*
  Revoga as isenções de impostos de importação para materiais de água, luz e viação.

- 1920 – *Projeto n.635*
  Isenção de impostos aduaneiros para material de eletrificação ferroviária (atendendo pedido da E. F. Paulista, de Antônio Prado).

- 1920 – *Projeto n.636*
  Concessão de transporte rápido entre Rio de Janeiro e Niterói, por meio de barcas ou bondes elétricos em linha subterrânea ou aérea.

FORÇA E LUZ: ELETRICIDADE E MODERNIZAÇÃO NA REPÚBLICA VELHA

- **1920 – *Relatório sobre o projeto de reforma das tarifas aduaneiras***
  Aconselha manter as taxas para transformadores elétricos.

- **1922 – *Emenda substitutiva ao projeto n.1, de despesa da República***
  Prêmio às três primeiras fábricas de aço, dotadas de forno elétrico e laminador, capazes de produzir de 8 a 10 t de aço em 24 horas.

- **1922 – *Emenda n.15 ao projeto de receita da República***
  Fixa imposto de consumo sobre a eletricidade.

- **1922 – *Emenda s.n.*, idem**
  Estabelece tarifas de importação para elevadores elétricos.

- **1923 – *Projeto de receita da República***
  Amplia imposto de 1922 para: lâmpadas elétricas e consumo de eletricidade.

- **1923 – *Emenda n.9 ao projeto de receita da República***
  Eleva a tarifa de importação de motores, dínamos, excitadores e alternadores elétricos.

- ***Emenda n.13*, idem**
  Institui imposto de importação sobre fios e material de cobre importado.

- ***Emenda n.73*, idem**
  Reduz imposto de renda das empresas que exploram serviços de utilidade pública.

- ***Emenda n.86*, idem**
  Diminui a tarifa de importação de lâmpadas elétricas.

- **1923 – *Emenda n.12 ao projeto de despesa do Ministério da Viação e Obras Públicas***
  Eletrificação de trechos da E. F. Oeste de Minas.

- *Emenda n.92*, idem

  Conclusão e eletrificação da estrada de ferro de Piquete (SP) a Itajubá (MG).

- 1923 – *Projeto n.114*

  Plano de construção de três usinas siderúrgicas "modernas".

- 1923 – *Projeto n.303*

  Regulamentação das usinas em quedas-d'água acima de 10.000 CV, obrigando as estradas de ferro a fazerem estudo de viabilidade da tração elétrica × vapor.

- 1924 – *Projeto n.198*

  Isenção de imposto de importação para fornos elétricos destinados à indústria siderúrgica; idem para máquinas e insumos importados para a extração de carvão e ouro; idem para usinas termoelétricas que usem carvão nacional.

- 1925 – *Emenda n.143 ao projeto n.47*

  Estende os benefícios trabalhistas da Lei Elói Chaves (Lei dos Ferroviários) às empresas de serviços municipais, inclusive de bondes, luz e energia elétrica.

- 1926 – *Emenda n.5 ao projeto de despesa do Ministério da Viação e Obras Públicas*

  Eletrificação do trecho de serra da E. F. Teresópolis e do ramal de Angra dos Reis da E. F. Oeste de Minas.

- 1927 – *Projeto de receita da República*

  Amplia imposto de consumo de 1922 para lâmpadas, pilhas e aparelhos elétricos.

- 1927 – *Projeto n.316*

  Revoga isenções de imposto de importação para redes de água, esgoto, luz, força, gás, transporte, telefone, radiotelefonia e radiotelegrafia.

FORÇA E LUZ: ELETRICIDADE E MODERNIZAÇÃO NA REPÚBLICA VELHA

- 1927 – *Parecer n.741 sobre projeto de despesa do Ministério da Agricultura Indústria e Comércio*

  Destaca o plano do Serviço Geológico e Mineralógico para levantamento do potencial hidráulico do país.

3 QUADRO RELATIVO ÀS CENTRAIS DE FORÇA E LUZ DO ESTADO DE SÃO PAULO (DEZEMBRO DE 1921)[1]

(Preservou-se a ortografia original)

CONCESSIO-NARIA	Localização da usina geradora	Municípios abrangidos	Data da installação	Natureza do motor	Potencia installada	Nº de unidades geradoras	Frequenci
1 – Cia. de Melhoramentos de Batatates	Ribeirão dos Batataes	Batataes	1906	Hydraulico	125 KVA	2	50
2 – Cia. Docas de Santos	Itatinga	Santos	Outubro 1910	"	15000 KVA	5	60
3 – Cia. de Força de Luz de Casa Branca	Fazenda Cachoeira	Casa Branca, Itoby	Julho 1910	"	225 KVA	1	50
4 – Cia. Francana de Electricidade	Rio Esmeril	Franca, Sapucahy, Altinopolis	Maio 1913	"	2500 HP	3	50
5 – Cia. Ituana de Força e Luz	Salto (no rio Tietê)	Itú, Salto	1906	"	1100 KVA	3	60
6 – Cia. Luz e Força de Tatuhy	Rio Sorocaba	Tatuhy, Pereiras, Conchas, Porto Feliz	1911	"	1710 KVA	3	50
7 – Cia. de Melhoramentos de Bananal	Retiro (12 kms. de Bananal)	Bananal	1916	"	25 HP	1	60
8 – Cia. Paulista de Energia Electrica	S. José do Rio Pardo Socorro-Itapolis	S. José do Rio Pardo, Socorro, Itapolis, Ibitinga e Bariry	1909	"	1500 HP	5	50
9 – Empreza de Agua e Luz de Mogy-Mirim	Rio Mogy-Guassú	Mogy-Mirim	1909	"	500 HP	2	60
10 – Empreza de Electricidade de Araraquara	Ribeirão Chibarro (12 km. de Araraquara)	Araraquara e Ribeirão Bonito	Setemb. 1909	"	2000 KVA	3	50
11– Empreza de Electricidade de Avaré	Rio Novo e Avaré	Avaré e Cerqueira Cesar	Abril 1909	"	200 HP	1 (está em instal. 1 de 600 HP.)	50

---

1 Organizado pelo Prof. F. E. da Fonseca Telles, para o Instituto de Engenharia.
Fonte: *Boletim do Instituto de Engenharia*, v.IV, n.19, 1922.

FORÇA E LUZ: ELETRICIDADE E MODERNIZAÇÃO NA REPÚBLICA VELHA

ltagem da nsmissão	*Comp. total das linhas em kms.*	Voltagem da distribuição		TARIFAS					
		Illuminação	*F. motriz*	*Por vela mez* De A	*Por KWH luz*	*Por KWH força motriz* De A	*Por HP anno*	*Por vela-anno illum. publica*
6000	15	110	220	$156 $100			168$ a 120$	
44000	29,2	110	–					
00 - 22000	52	110	220	$250	$500		150$	2$400
16500	120	220/120	220	$250 $220			80$	
600 - 2200	70	220/110	6600/220	$250 $120 (*)			96$	1$000
22000	90	220/115	2000/220	$200 $080	$800 a $500	$300 $050		$980
4000	12	110	não tem	$200			100$	
5000	110	220/110	220	$200		$500	100$	
10000	41 (linha) 52,5 (rêde)	100	220	$200 $075	$500		100$	
18000	74	220	6000/220	$300 $240 (*)	$600 (*)	$200 $100	100$	
10000	38	110	–	$280 $160	$600		120$	1$200

Continuação

CONCESSIO-NARIA	Localisação da usina geradora	Municipios abrangidos	Data da installação	Natureza do motor	Potencia installada	Nº de unidades geradoras	Frequenc
12 – Empreza Electrica Bragantina	Cachoeiras: Guaraciaba e Flores (Rio Jaceguay)	Bragança e Atibaia	Julho 1905 e Dez. 1907	"	2400 HP	3x300 HP (Guarac) 1x1500 HP (Flores)	50
13 – Empreza Electrica de Amparo	Pupos (Rio Jaguary)	Amparo	1898	"	600 HP (?)	1	60
14 – Empreza Electrica Bebedouro	Bebedouro	Bebedouro e Monte Azul	Janeiro 1911	"	200 HP	2	50
15 – Empreza Electrica de Piracaia	Cachoeira e Lageado (Rio Cachoeira)	Piracaia	Abril 1911	"	75 KW	1	50
16 – Empreza Hydro-Electrica de Jaguary	Rio Jaguary	Pedreiras, Amparo e Mogy-Mirim	1912	"	500 HP	1	50
17 – Empreza Luz e Força de Jundiahy	Estação de Mont Serrat (Ituana)	Jundiahy e Indaiatuba	1904	"	2100 KWA	4	40
18 – Novaes, Ribas & Cia.	Rio Tres Barras	Itararé	Abril 1910	"	81 HP	1	?
19 – Rawlinson, Muller & Cia.	Fazenda Salto Grande (Villa Americana)	V. Americana, Nova Odessa, Rebouças, Cosmopolis, S. Barbara	1909	"	3400 HP	3	50
20 – Rosa & Cia.	Cutianos (Piedade)	Piedade	Agosto 1912	"	115 HP	1	55
21 – Soc. Anonyma Central Electrica Rio Claro	Salto no Rio Corumbatahy	Rio Claro, Limeira, Ara-ras, Leme e Pirassununga	1898	Hyd. e Thermico (Diesel)	3350 HP	4	50
22 – S. Paulo Electric Co. Ltd.	Cachoeira de Sorocaba	Sorocaba, S. Roque e Una	1911-1914	"	45000 HP	3	60
23 – The City of Santos Improvements Co. Ltd.	Itatinga (Cia. Docas de Santos)	Santos e S. Vicente	1903	"	15000 KVA	5	60
24 – The Southern Brasil Electric Co.	Salto de Piracicaba	Piracicaba, Rio das Pedras e S. Pedro	1903	"	1000 KW	3	50
25 – The S. Paulo T. Light & Power Co. Ltd.	Parnahyba e S. Paulo	S. Paulo, Par-nahyba, S. Ber-nardo, S. Amaro e Guarulhos	Setemb. 1901	Hyd. (Parn.) Thermico (S. Paulo)	16000 KVA 500 KVA	8 2	60
26 – Usina S. Ignez	Rio Jaguary-Mirim	S. J. da Bôa Vista	Novemb. 1912	Hydraulico	900 HP mais 1200 em installações	2	50

OBSERVAÇÕES:
1) Todas as installações citadas são de corrente alternativa triphasica.
2) Muitas emprezas concedem descontos, variaveis de 5 até 25%, sobre as tarifas da energia electrica, mediante pagamento dentro de determinado prazo. As tarifas sujeitas a desconto foram marcadas com o signal (*).

FORÇA E LUZ: ELETRICIDADE E MODERNIZAÇÃO NA REPÚBLICA VELHA 97

Voltagem da transmissão	Comp. total das linhas em kms.	Voltagem da distribuição		TARIFAS					
		Illuminação	F. motriz	Por vela mez — De / A	Por KWH luz	Por KWH força motriz — De / A	Por HP anno	Por vela-anno illum publica
500 - 13000 8000	19 (linha) 50 (prolongamento e ramaes)	220/110	8000/200	$200 $050 (*)		$500 $100	100$ a 200$	1$200
10000	20 (tronco) 80 (ramaes)	114	220	$200 $100	$600	$300 $128	88$ a 250$	$750 a 1$80(
6000	36	120	220	$320 $280	$800	$300 $150	100$ a 180$	1$920
4000	6,4	200	200	$260 $120		$300 $100		1$600
6500	80 (ramaes inclusos)	220	6500/220	$180			90$ a 100$	1$960
40000	87	220	220					
3000	2,8	220	220	$300 $200 (*)	$600	$200		2$200
000 - 20000	90	220	220	$250 $150	$400	$250 $080		1$600
2000	3	220/110	–	$250 $150				
2000 - 10000	320	127	220/127	$250 $120	$600			1$200
15000	65	115	2080/230	$200 $080	$375	$300 $100		1$560
46500	35	200/100	6600/3300		$500 a $250	$400 $125	424$	$900
1000 - 2300	60	110	11000/220	$200	$500	$400 $050	100$	1$300
4000		2x115	2080/440/ 220		$500 (*)	$300 (*)		
8000	2	220	220	$250 $045	$800	$500	78$ a 240$	

ICONOGRAFIA

S. PAULO   MARÇO 1926   N.º 80

REVISTA POLYTECHNICA
ORGAM DO «GREMIO POLYTECHNICO»

COMMISSÃO REDACTORA

PRESIDENTE
MANOEL DE QUEIROZ TELLES

REDACTORES:
JOÃO BRITO DA SILVEIRA LEME,
PEDRO MOACYR CRUZ, ALARICO ORLANDINI DE MATTOS
e LUIZ DE CASTRO SETTE

REDACÇÃO E SÉDE SOCIAL DO «GREMIO»:
ESCOLA POLYTECHNICA DE S. PAULO

SERIE 8.ª

S. PAULO
TYPOGRAPHIA BRASIL, ROTHSCHILD & Co.
29 — Rua 15 de Novembro — 29
1926

FIGURA 1 – Frontispício da *Revista Polytechnica*, n.80, 1926.

FIGURA 2 – Anúncios da "Casa da Boia" (ainda hoje no mesmo local, à Rua Florêncio de Abreu) mencionando a fabricação de arandelas e lustres elétricos, e da "Companhia Brazileira de Electricidade" (da Siemens), com desenhos de lâmpada e motor elétricos. *Revista Politécnica*, n.50-51, 1915.

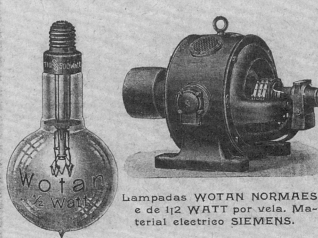

FIGURA 3 – Anúncio da casa importadora Bekman, também situada à Rua Florêncio de Abreu, com fotografia de seu interior, vendo-se rolos de fios elétricos e lustres. *Revista Politécnica*, n.50-51, 1915.

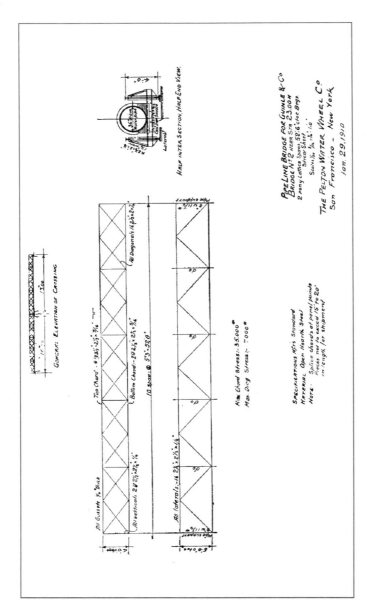

FIGURA 4 – Desenho de parte relativa à geração elétrica (vertedouro de água) da usina de Guaratinguetá, projetada nos EUA pela The Pelton Water Wheel Co. para Guinle & Co. *Revista Politécnica*, n.50-51, 1915.

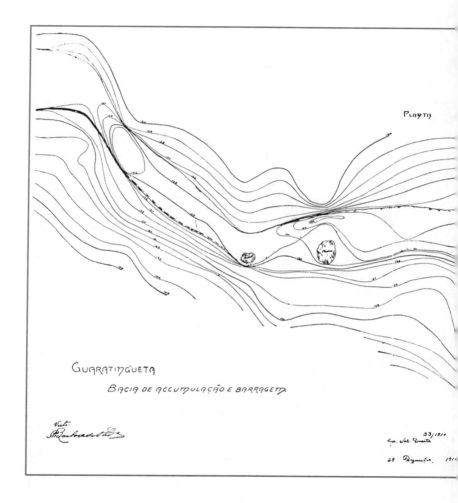

FIGURA 5 – Planta e cortes da barragem de Piagüí, em Guaratinguetá, vendo-se no canto inferior à esquerda a assinatura de aprovação do autor do projeto civil (e do artigo), Carlos Barbosa de Oliveira. *Revista Politécnica*, n.50-51, 1915.

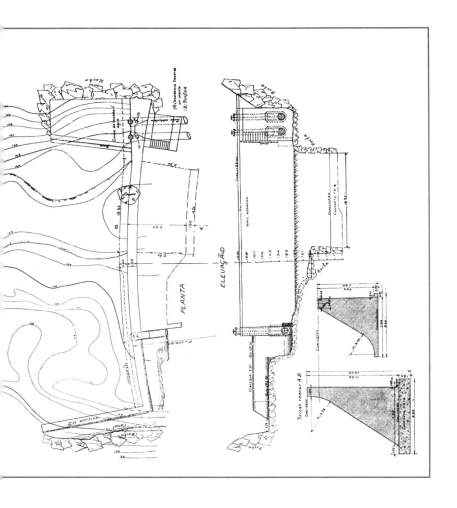

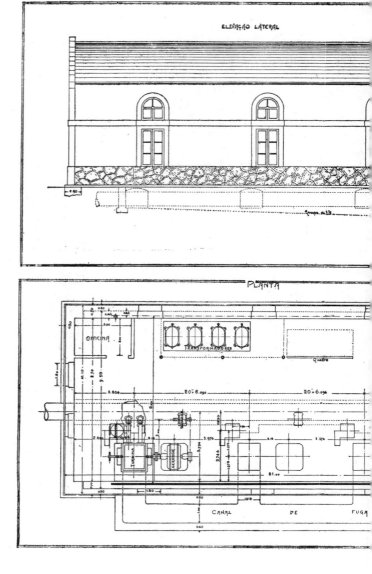

FIGURA 6 – Planta, corte e fachadas da usina de força de Guaratinguetá, com carimbo de autoria do projeto arquitetônico, no canto direito inferior, do escritório técnico de Guinle & Co. (Rio de Janeiro). *Revista Politécnica*, n.50-51, 1915.

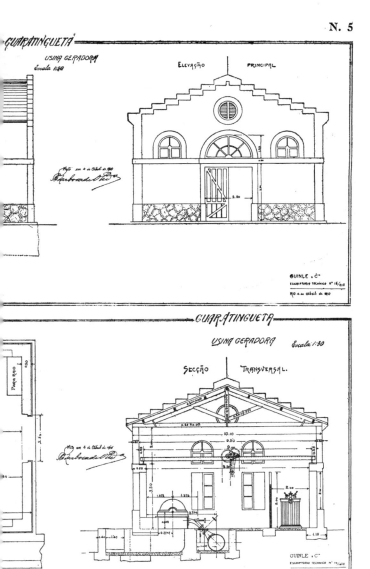

FIGURA 7 – Foto da fachada principal da usina geradora de Guaratinguetá. *Revista Politécnica*, n.50-51, 1915.

FIGURA 8 – Barragem tomada d'água da usina de Guaratinguetá. *Revista Politécnica*, n.50-51, 1915.

FIGURA 9 – Fotos do interior da mesma usina, vendo-se detalhes da casa de máquinas e cubículo de alta tensão. *Revista Politécnica*, n.50-51, 1915.

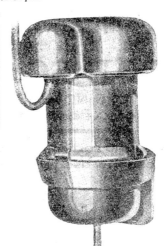

FIGURA 10 – Anúncio de pára-raio da General Electric. *Revista Politécnica*, n.82, 1926.

FIGURA 11 – Anúncio de motores síncronos da Siemens. *Revista Politécnica*, n.82, 1926.

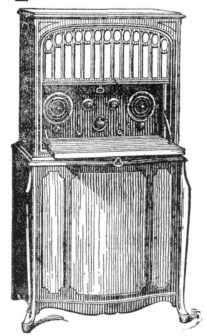

FIGURA 12 – Anúncio de rádio da RCA, distribuído por Byington & Cia. *Revista Politécnica*, n.82, 1926.

FIGURA 13 – Frontispício da *Revista de Engenharia* do Mackenzie, n.41, 1927.

FORÇA E LUZ: ELETRICIDADE E MODERNIZAÇÃO NA REPÚBLICA VELHA   117

FIGURA 14 – Anúncio de geladeira da Frigidaire, distribuída por Pirie, Villares & Cia. *Revista de Engenharia* do Mackenzie, n.39, 1926.

FIGURA 15 – Anúncio de locomotivas elétricas Westinghouse, representadas por Byington & Cia. *Revista de Engenharia* do Mackenzie, n.44, 1927.

FIGURA 16 – Anúncio de lâmpadas GE. *Revista de Engenharia* do Mackenzie, n.44, 1927.

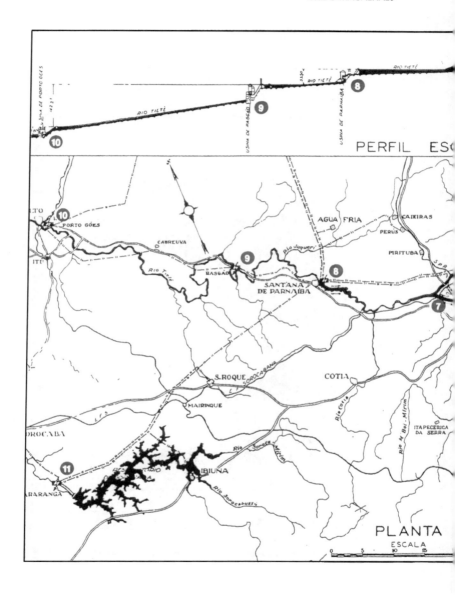

FIGURA 17 – Planta geral das represas hidroelétricas da Light em São Paulo e imediações. (Gomes, 1986, p.12).

FORÇA E LUZ: ELETRICIDADE E MODERNIZAÇÃO NA REPÚBLICA VELHA   121

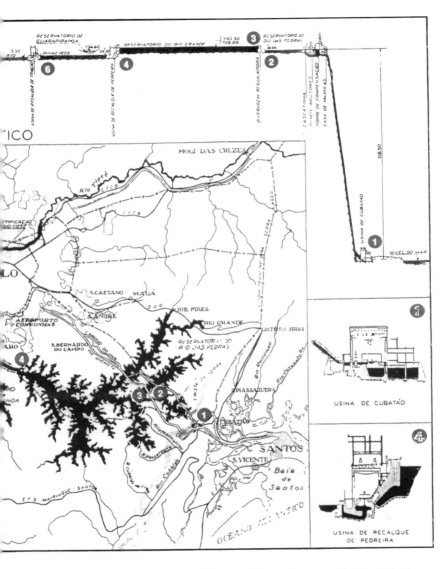

1 - Usina de Cubatão
2 - Canal de ligação
3 - Barragem reguladora (*summit*)
4 - Usina de recalque de Pedreira
5 - Barragem de Guarapiranga
6 - Usina de recalque de Traição
7 - Estrutura de Retiro
8 - Usina de Parnaíba
9 - Usina de Rasgão
10 - Usina de Porto Góes
11 - Usina de Itupararanga

FIGURA 18 – Anúncio do *Boletim do Instituto de Engenharia*, v.XI, n.52, 1929.

SOBRE O LIVRO

Coleção: Prismas
Formato: 14 x 21 cm
Mancha: 23 x 43 paicas
Tipologia: Classical Garamond 10/13
Papel: Offset 75 g/m^2 (miolo)
Cartão Supremo 250 g/m^2 (capa)
1ª edição: 2000

EQUIPE DE REALIZAÇÃO

Produção Gráfica
Edson Francisco dos Santos (Assistente)

Edição de Texto
Fábio Gonçalves (Assistente Editorial)
Solange Scattolini Felix (Preparação de Original)
Rodrigo Villela e
Luicy Caetano de Oliveira (Revisão)

Editoração Eletrônica
Lourdes Guacira da Silva Simonelli (Diagramação)

I M P R E S S Ã O

IMPRENSA OFICIAL
SERVIÇO PÚBLICO DE QUALIDADE

Rua da Mooca, 1921   São Paulo   SP
Tel.: (11) 6099.9457/6099.9529
CNPJ 48.066.047/0001-84
http://www.imprensaoficial.com.br